财政部规划教材
全国中等职业学校财经类教材

财务管理

(第九版)

主编 张松梅 成秉权

中国财经出版传媒集团
中国财政经济出版社

图书在版编目（CIP）数据

财务管理／张松梅，成秉权主编．--9 版．--北京：中国财政经济出版社，2022.5（2024.9重印）
财政部规划教材　全国中等职业学校财经类教材
ISBN 978-7-5223-1294-1

Ⅰ.①财… Ⅱ.①张…②成… Ⅲ.①财务管理-中等专业学校-教材 Ⅳ.①F275

中国版本图书馆 CIP 数据核字（2022）第 050361 号

责任编辑：张　军　　　　　责任校对：徐艳丽
封面设计：构远设计

财务管理
CAIWU GUANLI

中国财政经济出版社 出版
URL：http：//www.cfeph.cn
E-mail：cfeph@cfeph.cn
（版权所有　翻印必究）
社址：北京市海淀区阜成路甲 28 号　邮政编码：100142
营销中心电话：010-88191522
天猫网店：中国财政经济出版社旗舰店
网址：https：//zgczjjcbs.tmall.com
北京鑫海金澳胶印有限公司印刷　各地新华书店经销
成品尺寸：185mm×260mm　16 开　8.5 印张　212 000 字
2022 年 5 月第 9 版　2024 年 9 月北京第 3 次印刷
定价：26.00 元
ISBN 978-7-5223-1294-1
（图书出现印装问题，本社负责调换，电话：010-88190548）
本社质量投诉电话：010-88190744
打击盗版举报热线：010-88191661　QQ：2242791300

编写说明

本书是财政部规划教材，由财政部规划教材编审委员会组织编写并审定，作为全国中等职业学校财经类教材使用。

近几年，随着数字中国战略的实施，在"大智移云物区"等新技术风起云涌的数字经济时代，智能化技术给所有行业、所有企业带来深远的影响，同时，发展"专精特新"中小企业成为"十四五"规划开局之年从中央到地方各级政府的重要工作内容，也是未来数年的一个重点工作。为适应这一变化，我们在保留第八版主要内容的基础上，增设"数字经济"等知识链接和小贴士，以增强学生对财务管理环境变化的感知。

这次修订，对教材配套资源包进行补充：列出《财务管理》微信公众号资源参考清单，《财政部、工业和信息化部关于支持"专精特新"中小企业高质量发展的通知》等政策红利资源包，以激发学生对财务管理课程的探索激情和学习兴趣。

本书由张松梅、成秉权任主编，宋晓红任副主编。编写分工如下：成秉权编写第五、八章，张松梅编写第一、二、四、六章，揭伟红编写第三章，宋晓红编写第七章。

本教材配有与章节同步的《财务管理（第九版）实训与练习》，用书学校任课老师若需要《实训与练习》的答案，请以电子邮件的形式向中国财政经济出版社索取（请注明：学校、全书名、版次），E-mail：caijingjiaocai@163.com。本教材还为任课老师制作了电子教案、电子课件和模拟试卷，如果需要，请登录如下网址下载：jiaocai.cfeph.cn。

中等职业教育教材建设，面临前所未有的机遇和挑战，需要大家共同努力，不断探索，树立创新思维和开放意识，使教材资源达到学生、教师、社会三方面都满意的程度。

限于编者水平，本书一定会有不尽如人意之处，欢迎大家批评指正。

编　者
2022 年 5 月

目 录

第一章 财务管理概述 …… 1

第一节 企业的资金运动与财务管理 …… 1

第二节 财务管理目标 …… 5

第三节 财务管理的环境 …… 7

第二章 财务分析 …… 12

第一节 财务分析方法 …… 12

第二节 常用财务指标分析和财务状况总体分析 …… 16

第三章 财务预算 …… 32

第一节 财务预算的分类 …… 32

第二节 财务预算的编制方法 …… 33

第三节 全面预算的编制 …… 39

第四章 资金时间价值 …… 50

第一节 复利终值与现值 …… 50

第二节 年金终值与现值 ... 53

第五章 筹资管理 ... 60

第一节 筹资管理概述 ... 60
第二节 筹资方式 ... 62
第三节 资本成本 ... 68
第四节 资本结构 ... 72

第六章 投资管理 ... 74

第一节 投资的常用概念 ... 74
第二节 项目投资 ... 76
第三节 证券投资基础 ... 83

第七章 营运资本管理 ... 88

第一节 营运资本概述 ... 88
第二节 现金管理 ... 90
第三节 应收账款管理 ... 98
第四节 存货管理 ... 101

第八章 分配管理 ... 106

第一节 利润的构成及管理要求 ... 106

第二节 利润预测 ■ 109

第三节 利润的分配 ■ 112

附 录
一元终值、现值系数表 ■ 118

参考文献
■ 127

第一章
财务管理概述

【本章导引】 我们在日常生活中，每天都要吃、穿、用、行，都要耗费商品和享受服务，这些商品和服务大多数是由企业给我们提供的。企业在生产商品和提供劳务时，必须拥有厂房、设备和资金。这些资金和财产物资是怎样取得的、取得后又需要怎样管理？企业对获得的收益又该怎样分配？这些工作是由哪个部门来做的、怎样做？这些问题就是企业的财务管理内容，也就是本书所要介绍的内容。

【学习目标】 了解企业资金的运动，明确财务管理的内容与目标，了解财务管理的环境。

【学习重点】 掌握财务管理的概念与内容。

第一节 企业的资金运动与财务管理

一、企业的资金

（一）企业的生产经营过程

生产经营过程是指企业生产和经营的程序。我们知道，无论哪类企业，都有一定的生产经营过程，工业企业是按照生产、供应、销售三个主要环节从事生产经营活动的；商业企业是按照以商品的采购、销售、运输、库存为基本环节从事生产经营活动；交通运输企业是以发货、运输、装卸为主要环节从事经营活动的；农业企业如果是从事种植业的，则是以春种、夏管、秋收和冬藏为主要经营过程的。

企业的生产经营过程是企业生产产品、提供服务的过程，也是创造利润的过程，企业想要达到的目标都是通过这个过程实现的。为了确保在这个过程中能生产和提供优质的产品，企业的管理人员就要对这个过程施以科学有效的管理，我们常听到的"加强管理"实际上就是指对企业的生产经营过程进行的管理。

（二）企业生产经营过程的耗费

在企业的生产经营过程中，需要占用财产物资，如需要占用土地、建设厂房、购买机器设备；需要招聘生产人员和管理人员，发生工资支出；需要采购原材料和辅助材料，还要发生各种管理费用。这些消耗可以简称为"料、工、费"三项。这些占用和消耗如果从价值角度看，就是资金的消耗和占用。所以，在管理中，人们把在企业生产经营过程中各种占用和消耗的价值称为"资金"。

资金是企业生产经营过程得以正常进行的前提条件，只有在有了资金以后，才可能购买材料、设备和支付各项费用。正像有人说的那样："钱不是万能的，可没有钱却是万万不能的。"在日常的财务管理中，为了满足"资金"这个前提条件，企业管理人员包括财务人员要花费大量的精力筹集资金，并在使用中节约资金，提高资金使用效率。

提示：并不是所有的钱都可以叫"资金"，只有把钱用到生产经营过程中时，钱才能叫"资金"。如果你把钱用在个人消费上，就不能称为"资金"。还有，资金是财富，但是并不是所有的财富都叫"资金"，比如，父母存在箱子底的金银首饰只能是财富，但不能称之为"资金"，因为它没有参加生产经营活动。

二、企业的资金运动

（一）企业资金的分布

从以上可以想象到，企业的资金并不是以一种形态并且都集中在某一个生产经营环节上，而是分布在生产经营的各个环节上。从工业企业来说，资金是以各种形态分布在供应、生产和销售环节上的。这些资金还有各自的名称：分布在供应环节上的叫"储备资金"；在生产环节上的叫"生产资金"或叫"在产品资金"；在销售环节上的叫"成品资金"；存在银行或在财务室保险柜中的叫"货币资金"。

（二）企业资金的运动

分布在生产经营各环节上的资金，也不是老老实实静止地待在那里，它们像链条一样相互连接在一起，按照一定的规律运动着。

在工业企业中，如果是新建一个企业，就要先购置土地，购买机器设备，建造厂房。

当企业建成投入生产后，就进入了正常的生产周转，首先人们要用货币资金去购买原材料，到人才市场上去招聘劳动力和管理人才。这时，企业的一部分货币资金就随着转化成了储备资金和人员工资。这个阶段资金的形态就是库存材料和工资。

当工人们将领用的原材料进行加工生产后，储备资金就随之转化为生产资金。这时资金形态就是车间里的半成品。

当产品加工完成转入成品库以后，资金就转化为成品资金，其形态就是库存产成品。

当产品售卖以后，成品资金就转回货币资金，其形态就是银行存款、库存现金等。

这就是资金的一次循环，这样不断重复的循环就是资金周转。

资金的周转是不能停顿的,而且要一环扣一环不断重复地运动,运动得越快,企业取得的盈利就会越多。就像自行车的链条一样,只有环环紧扣不断运动,自行车才能跑得快。一旦链条断裂,自行车就会失去动力停下来。同样,我们可以把资金运动的这个现象看成企业的资金链,在企业生产经营过程中,要想方设法保证企业的资金链环环相扣并能周而复始地连续运动,不会断流。这也是企业财务管理人员的主要责任之一。

提示: 企业的资金像人体中的血液一样,川流不息,一刻不停地向身体的各个部位输送营养,维持着人的生命,如果哪个部位缺少了血液供应,就会发生肢体坏死,严重时还会影响生命。企业的资金一旦卡在哪个环节停滞下来,就会造成整个企业的资金发生断流,企业的生产经营过程就要受到影响,严重的会导致企业倒闭。

三、财务管理的概念与内容

企业财务,是指企业在生产经营过程中客观存在的资金运动及其所体现的经济利益关系。财务管理是组织企业财务活动、处理财务关系的一项综合性的经济管理工作。

财务管理的内容是由企业资金运动的内容所决定的。现代企业财务管理的基本内容包括组织财务活动和处理财务关系两个方面。

(一)财务活动

财务活动,是指企业资金的筹集、投放、使用、收回及分配等一系列行为。从整体上讲,一个企业的财务活动主要包括以下四个方面:

1. 筹资活动。所谓筹资是指企业为了满足投资和用资的需要,筹措和集中所需资金的过程。在筹资过程中,企业一方面要确定筹资的总规模,以保证投资所需要的资金;另一方面,要通过筹资渠道、筹资方式或工具的选择,合理确定筹资结构,以降低筹资成本和风险。

整体上看,任何企业都可以从两个方面筹资并形成两种性质的资金来源:一是企业权益资金,它是企业通过向投资者吸收直接投资、发行股票、企业内部留存收益等方式取得;二是企业债务资金,它是企业通过向银行借款、发行债券等方式取得。企业筹集资金,表现为企业资金的流入;企业偿还借款,支付利息、股利以及付出各种筹资费用等,则表现为企业资金的流出。这种因为资金筹集而产生的资金收支,便是由企业筹资而引起的财务活动,是企业财务管理的主要内容之一。

2. 投资活动。企业投资是指企业将筹集的资金投入使用的过程,包括企业内部使用资金的过程(如购置流动资产、固定资产、无形资产等)以及对外投放资金的过程(如投资购买其他企业的股票、债券或与其他企业联营等)。无论企业购买内部所需资产,还是购买各种证券,都要支付资金。当企业变卖其对内投资形成的各种资产或收回其对外投资时,则会产生资金的收入。这种因企业投资而产生的资金收付,便是由投资而引起的财务活动。

3. 营运活动。企业的营运资金,主要是为满足企业日常营业活动的需要而垫支的资金,营运资金的周转与生产经营周期具有一致性。在一定时期内资金周转越快,就越是可以利用相同数量的资金,生产出更多的产品,取得更多的收入,获得更多的报酬。因此,如何加速资金周转,提高资金利用效果,也是企业财务管理的主要内容之一。企业的营运资本管理主要涉及两个问题：（1）合适的流动资产数量，包括总量和各个具体科目的数量应是多少；（2）这些流动资产应该如何筹集？此外，财务经理还要决定公司持有多少现金以及公司应该使用多少短期资金。

4. 分配活动。企业利润总额首先要按国家规定缴纳所得税，净利润要提取公积金，分别用于扩大生产、弥补亏损等，其余利润作为投资者的收益分配给投资者，或留存企业或作为投资者的追加投资。另外，随着分配过程的进行，资金无论退出还是留存企业，都必然会影响企业的资金运动，这不仅表现在资金运动的规模上，而且表现在资金运动的结构上。因此，在依据一定的法律原则下，如何合理确定分配规模和分配方式，以使企业的长期利益最大，也是财务管理的主要内容之一。

上述财务活动的四个方面，不是相互割裂、互不相关的，而是相互联系、相互依存的。正是上述互相联系又有一定区别的四个方面，构成了完整的企业财务活动，这四个方面也就是企业财务管理的基本内容。

> **知识链接**
>
> ### 财务活动与资产负债表
>
> 可以借助资产负债表来理解静态财务活动：资产负债表的右边表示负债和所有者权益，体现企业资金来源的两个渠道，这就形成了企业的筹资活动。资产负债表左边的资产占用从广义上来讲都是属于资产的投资范畴。资产负债表的左上半部分的流动资产、右上半部分的流动负债，可以叫营运资本管理。利润分配是对企业税后利润的分配。
>
>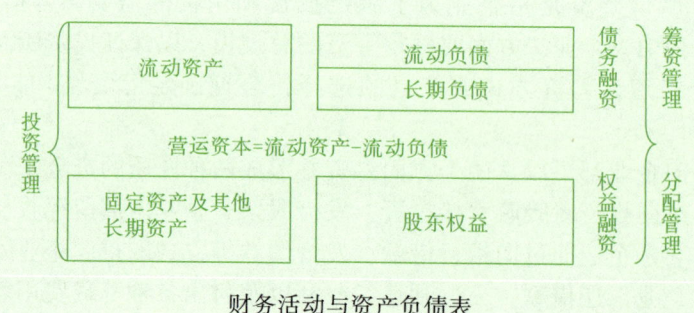
>
> 财务活动与资产负债表

（二）财务关系

企业财务关系是指企业组织财务活动过程中与有关各方面发生的经济利益关系。这些财务关系主要有以下几个方面：

1. 企业与政府之间的财务关系。这种财务关系主要是指企业要按税法的规定依法纳税而与国家机关所形成的经济关系。国家以社会管理者的身份无偿地参与企业收益的分配，任何企业都应依法向国家缴纳税款。企业与税务机关的财务关系反映的是依法纳税和依法征税的权利义务关系。

2. 企业与投资者之间的财务关系。企业与投资者之间的财务关系体现的是企业的投资人向企业投入资金，而企业向其支付投资报酬所形成的经济关系。

3. 企业与受资者之间的财务关系。企业与受资者之间的财务关系体现的是企业以购买股票或直接投资的形式向其他企业投资所形成的经济关系。

4. 企业与债权人之间的财务关系。企业与债权人之间的财务关系体现的是企业向债权人借入资金，并按合同的规定支付利息和归还本金所形成的经济关系。

5. 企业与债务人之间的财务关系。企业与债务人之间的财务关系体现的是企业将其资金以购买债券、提供借款或商业信用等形式出借给其他单位所形成的经济关系。

6. 企业与供货商、客户之间的财务关系。企业与供货商、客户之间的财务关系体现的是企业购买供货商的商品或接受其服务，以及企业向客户销售商品或提供服务过程中所形成的经济关系。

7. 企业内部各单位之间的财务关系。企业内部各单位之间的财务关系体现的是企业内部各单位之间在生产经营各环节中互相提供产品或劳务所形成的经济关系。

8. 企业与职工之间的财务关系。企业与职工之间的财务关系体现的是企业向职工支付劳动报酬过程中所形成的经济关系。

> 【拓展思考】
> **会计科目体现的财务关系**
> 会计科目是按照经济业务的内容和经济管理的要求，对会计要素的具体内容进行分类核算的科目，称为会计科目。会计科目体现着一定的财务关系，如应收账款、应收票据科目反映了公司与债权人的关系；短期借款、长期借款、应付票据、应付账款科目反映了公司与债务人的关系。

> 知识链接
> 财务共享服务是依托数字信息技术，以财务业务流程处理为基础，将分散于各业务单位重复性高、易于标准化的财务业务，进行流程再造与优化，并集中到财务共享服务中心统一处理，以达到优化组织结构、降低运营成本、提升客户满意度、创造财务价值的目的，以市场视角为内外部客户提供专业化服务的分布式管理模式。

第二节　财务管理目标

财务管理目标，是指企业进行财务活动要达到的根本目的。它是评价企业财务活动是否合理的基本标准，决定着企业财务管理的基本方向。科学合理的财务管理目标，对优化企业财务运作，改善企业经营管理，提高企业经济效益等都具有重要的意义。

对于财务管理目标，通常有以下几种观点：

1. 利润最大化，是指通过对企业财务活动的管理，不断增加企业利润，使利润达到最大。这种观点认为，利润是衡量企业经营和财务管理水平的标志，利润越大，越能满足投资人对投资回报的要求。

2. 股东财富最大化，是指企业财务管理以实现股东财富最大为目标。股东财富主要是由其所持有股票的数量和该股票的市场价格决定的。在股票数量一定的时候，如果股票价格达到最高，那么股东财富也就达到最大。

3. 企业价值最大化，是指通过企业财务上采用最优的财务政策，充分考虑资金的时间价值和权衡风险与报酬的关系，在保证企业长期稳定发展的基础上使企业价值达到最大。其基本思想是将企业长期稳定发展摆在首位，强调在企业价值增长中满足各方利益。

股东财富最大化

以上三种观点优缺点的总结见表1-1。

表1-1 三种观点的优缺点

观　　点	优　　点	缺　　点
企业利润最大化	利润代表企业新创造的财富，利润越多，企业财富增加越多，越接近企业的目标	没有考虑投入，没有考虑时间价值，没有考虑风险
股东财富最大化	考虑了风险因素；在一定程度上能避免企业短期行为；对上市公司而言，股东财富最大化目标比较容易量化，便于考核	非上市公司难于应用；股价不能完全准确反映企业财务管理状况；对其他相关者的利益重视不够
企业价值最大化	考虑了时间价值、风险因素和投入产出的比较	计量比较困难

提示：企业的价值是否等于其总资产的账面价值？答案是否定的。企业价值不等于总资产的账面价值。其理由是，许多资产的账面价值都是按历史成本计价的，不能代表市场价值，更有商誉等无形资产在账面上反映不出来。因此，企业价值应通过市场评价来决定，其价值不等于总资产的账面价值。

想一想：

不同类型的企业，企业的不同发展阶段，它们选择的财务管理目标会一样吗？

小贴士

"专精特新"中小企业

"专精特新"中小企业是指具有"专业化、精细化、特色化、新颖化"特征的中小企业。2021年1月23日，财政部、工业和信息化部联合印发《关于支持"专精特新"中小企业高质量发展的通知》，启动中央财政支持"专精特新"中小企业高质量发展政策。

第三节　财务管理的环境

财务管理环境是指对企业财务活动和财务管理产生影响作用的外部条件。通过环境分析，可以提高财务行为对环境的适应能力、应变能力和利用能力，以更好地实现企业财务管理目标。

一、技术环境

财务管理的技术环境，是指财务管理得以实现的技术手段和技术条件，它决定着财务管理的效率和效果。目前，我国进行财务管理所依据的会计信息是通过会计系统所提供的，占企业经济信息总量的60%~70%。在企业内部，会计信息主要是提供给管理层决策使用；在企业外部，会计信息则主要是为企业的投资者、债权人等提供服务。目前，我国正全面推进会计信息化工作，建立健全会计信息化法规体系和会计信息化标准体系；物联网、大数据、云计算的运用，"金财工程""金税工程""金审工程"的实施推进，国家中小企业公共服务平台、中小企业融资服务绿色通道网络平台的构建提升都使财务管理得以实现的技术手段和技术条件发生了很大的变化，必将促使企业财务管理的技术环境进一步完善和优化。

> **知识链接**
>
> 工业和信息化部软件与集成电路促进中心（CSIP）于2009年12月启动了国家中小企业公共服务平台（http：//www.smecn.org.cn/）的建设工作。CSIP向企业提供覆盖其整个生命周期的完善的公共服务。

> **专家观点**
>
> **数字化时代的财务管理新世界**
>
> 数字化带来的巨大变革表现在人工智能、大数据、云计算、区块链等领域；财务转型是数字化技术和管理重构二者的深度融合，财务本身的职能发生了很多的变化，财务最大的改变是每个人思维的改变、业务的改变和线上线下深度融合的改变，这就是财务管理新世界。
>
> ——朱涛　金蝶中国助理总裁

二、经济环境

在影响财务管理的各种外部环境中，经济环境是最为重要的。经济环境内容十分广泛，包括经济周期、经济发展水平和宏观经济政策等。

（一）经济周期

市场经济条件下，经济发展与运行带有一定的波动性，大体上经历复苏、繁荣、衰退和萧条几个阶段的循环，这种循环叫作经济周期。

在不同的经济周期，企业应采用不同的财务管理战略。复苏期间，企业往往采取为扩张做准备的财务战略；繁荣期间，企业实施扩张的财务战略；衰退期间，企业往往会停止扩张；萧条期间，企业采取收缩的策略。

（二）经济发展水平

财务管理的发展水平是和经济发展水平密切相关的，经济发展水平越高，财务管理水平也越好。财务管理水平的提高，将推动企业降低成本，改进效率，提高效益，从而促进经济发展水平的提高；而经济发展水平的提高，将改变企业的财务战略、财务理念、财务管理模式和财务管理的方法手段，从而促进企业财务管理水平的提高。

（三）国家经济政策

我国经济体制改革的目标是建立社会主义市场经济体制，以进一步解放和发展生产力。在这个目标的指导下，我国正在进行财税体制、金融体制、外汇体制、外贸体制、投资体制、社会保障制度等各项改革。所有这些改革措施，深刻地影响着我国的经济生活，也深刻地影响着我国企业的发展和财务活动的运行。如金融政策中的货币发行量、信贷规模会影响企业投资的资金来源和投资的预期收益；财税政策会影响企业的资金结构和投资项目的选择等；会计制度的改革会影响会计要素的确认和计量，进而对企业财务活动的事前预测、决策及事后的评价产生影响，等等。

知识链接

通货膨胀对企业财务活动的影响有：
（1）导致资金占用的大量增加，从而增加企业的资金需求；
（2）导致企业利润虚增，造成企业资金流失；
（3）导致利率上升，加大企业的资本成本；
（4）导致有价证券价格下降，增加企业的筹资难度；
（5）导致资金供应紧张，增加企业的筹资困难。

通货膨胀有利于债务人，不利于债权人——"借出去的一头大牛，还回来的可能是一只小猪"。

小贴士

数字经济

数字经济是以使用数字化的知识和信息作为关键生产要素、以现代信息网络作为重要载体、以信息通信技术的有效使用作为效率提升和经济结构优化的重要推动力的一系列经济活动。以人工智能、大数据、云计算为基础的数字技术促进了数字经济的发展，

> 数字经济的迅速发展已成为推动全球经济和社会持续转型的重要力量。近几年，数字经济增速是全球 GDP 平均增速的 2.5 倍，全球有 170 多个国家发布数字战略来支持 5G、AI 等技术的应用，布局未来的数字经济。

三、金融环境

（一）金融机构与金融工具

金融机构主要是指银行和非银行金融机构。银行是指经营存款、放款、汇兑、储蓄等金融业务，承担信用中介的金融机构，包括各种商业银行和政策性银行，如中国工商银行、中国农业银行、中国银行、中国建设银行、国家开发银行、中国农业发展银行。非银行金融机构主要包括保险公司、信托投资公司、证券公司、财务公司、金融资产管理公司、金融租赁公司等机构。

金融工具是指融通资金双方在金融市场上进行资金交易、转让的工具，借助金融工具，资金从供给方转移到需求方。金融工具分为基本金融工具和衍生金融工具两大类。常见的基本金融工具有货币、票据、债券、期货等；衍生金融工具又称派生金融工具，是在基本金融工具的基础上通过特定技术设计形成的新的融资工具，如各种远期合约、互换、掉期、资产支持证券等，种类非常复杂、繁多，具有高杠杆、高风险的特点。

衍生金融工具

（二）金融市场

金融市场，是指资金供应者和资金需求者双方通过一定的金融工具进行交易而融通资金的场所。金融市场为企业融资和投资提供了场所，可以帮助企业实现长短期资金转换，引导资本流向和流量，提高资本效率。

1. 货币市场。货币市场的主要功能是调节短期资金融通。其主要特点是：（1）期限短。一般为 3~6 个月，最长不超过 1 年。（2）交易目的是解决短期资金周转。它的资金来源主要是资金所有者暂时闲置的资金，融通资金的用途一般是弥补短期资金的不足。（3）金融工具有较强的"货币性"，具有流动性强、价格平稳、风险较小等特性。

2. 资本市场。资本市场的主要功能是实现长期资本融通。其主要特点是：（1）融资期限长。至少 1 年以上，最长可达 10 年甚至 10 年以上。（2）融资目的是解决长期投资性资本的需要，用于补充长期资本，扩大生产能力。（3）资本借贷量大。（4）收益较高但风险也较大。

全国中小企业股份转让系统（"新三板"）概况

资本市场主要包括债券市场、股票市场和融资租赁市场等。

（三）金融政策

金融政策，是指中央银行为实现宏观经济调控目标而采用各种方式调节货币、利率和汇率水平，进而影响宏观经济的各种方针和措施的总称。一般而言，一个国家的宏观金融政策主要包括三大政策，即货币政策、利率政策和汇率政策。

1. 货币政策。货币政策是中央银行调整货币总需求的方针策略，中央银行传统的货币政策工具包括法定准备金、贴现率、公开市场业务等，其政策一般是稳定货币供应和金融秩序，进而实现经济增长、物价稳定、充分就业和国际收支平衡。

2. 利率政策。利率政策是中央银行调整社会资本流通的手段。合理的存款利率政策有利于经营存贷业务的银行吸收储蓄存款，集聚社会资本；可以在一定程度上调节社会资本的流量和流向，从而导致产品结构、产业结构和整个经济结构的变化；可以用于刺激和约束企业的筹资行为，促进企业合理筹资，提高资本的使用效益。

3. 汇率政策。一个国家的汇率政策对于国际贸易和国际资本的流动具有重要的影响。跨国公司、外商投资企业和经营进出口业务的其他企业在国际融资活动中，必须掌握汇率政策并有效地加以利用。

知识链接

利 率

利率也称利息率，是利息占本金的百分比指标。从资金的借贷关系看，利率是一定时期内运用资金资源的交易价格。利率在资金分配以及企业财务决策中起着重要的作用。资金的利率由三部分构成：（1）纯粹利率；（2）通货膨胀补偿率；（3）风险报酬率。其中，风险报酬率包括违约风险报酬率、流动风险报酬率和期限风险报酬率。

四、法律环境

市场经济是法制经济，企业的经济活动总是在一定法律规范内进行的。法律既约束企业的非法经济行为，也为企业从事各种合法经济活动提供保护。法律环境对企业的影响力是多方面的，影响范围包括企业组织形式、公司治理结构、投融资活动、日常经营、收益分配等。国家相关法律法规按照对财务管理内容的影响情况可以分如下几类：

利率市场化

1. 影响企业筹资的各种法规主要有：《公司法》《证券法》《金融法》《证券交易法》《民典法》等。这些法规可以从不同方面规范或制约企业的筹资活动。

2. 影响企业投资的各种法规主要有：《证券交易法》《公司法》《企业财务通则》等。这些法规从不同角度规范企业的投资活动。

《企业财务通则》

3. 影响企业收益分配的各种法规主要有：《税法》《公司法》《企业财务通则》等。这些法规从不同方面对企业收益分配进行了规范。

思考与练习

一、思考题

1. 企业的资金是怎样运动着的？为什么企业的资金链不能断？
2. 财务管理的内容主要有哪些？

3. 你了解哪些影响企业财务管理的环境因素的知识？

二、社会实践

【要求】 请同学们联系一个商业或者工业加工企业，了解这些单位的内部管理组织结构，同时了解影响企业财务管理外部环境的主要因素有哪些？

【具体步骤】 由于企业工作繁忙，请同学们组成小组，尽量在下午（上午企业是最忙的）利用财务部门的工作间隙安排实践学习。在实际了解的基础上，再召开小组讨论，各述心得体会，最后由小组长总结。

第二章
财务分析

【本章导引】 在工作和生活中有一种说法："办事靠激情，成事靠细节。"意思是说要办一件事情，开头一定要有激情，但只有激情还不够，要想成事，还得有科学细致的态度才行。管理一个企业也是这样，在有管理热情的基础上，还要加上科学的管理办法才能取得理想的经济效益。正像孙子兵法中说的："知彼知己，百战不殆；不知彼而知己，一胜一负；不知彼不知己，每战必败。"这句话如果用到财务管理上就是提醒我们，在生产经营活动中，要了解自己，了解其他企业情况，还要了解市场大趋势的变化，"知彼知己"，只有这样，才能在市场上站稳脚跟。要想做到知彼知己，就要不断地对过去的经济活动进行财务解剖和财务分析，只有这样，才能做到科学管理。

【学习目标】 了解财务分析的作用和方法，掌握常用财务指标和财务总体分析方法。

【学习重点】 常用财务指标的分析。

第一节 财务分析方法

一、为什么要有财务分析

财务分析是运用财务报表或其他财务会计数据，对企业过去的财务状况和经营成果进行的评价和分析，以了解企业经营过程中的利弊得失及未来发展前景，为改进以后的企业的生产经营和财务管理工作提供帮助。

财务分析既是财务预测的前提，也是过去财务活动的总结。对企业管理来说，财务分析的作用是很大的：

第一，财务分析可以评价企业财务状况及经营业绩。通过对一定时期的财务状况进行分析，可以了解企业偿债能力、营运能力和赢利能力，能够评价这个时期企业的财务状况和经营管理者的业绩水平。

第二，财务分析可以促进企业理财目标的实现。企业理财的根本目标是实现企业价值最大化。要想知道企业目标是否实现，通过财务分析就可以了解，同时还可以找出差距，充分挖掘未被利用的人力、物力资源，寻找利用不当的原因，使企业经营活动始终向企业价值最大化的目标行进。

第三，财务分析可以促使企业寻找出正确的投资决策。财务分析对投资者活动来说是一个必需的过程，投资者只有通过财务分析，才可以了解企业的获利能力、偿债能力，从而进一步预测投资后的收益水平和风险程度，以作出正确的投资决策。王强在开餐馆之前事先进行的考察并得出每天至少能收入 100 元利润，其实就是经过一次财务分析得出的结论。总的说来，凡是投资都要经过财务分析这一步骤，以作出正确的财务决策。

> **知识链接**
>
> 财务危机主要是指企业到了无力偿债，生产经营无法正常进行的程度。如果众多的企业发生财务危机就会引发全社会的经济危机。企业在发生财务危机之前都会出现销售下降、存货积压、财务报告不能及时发布等现象。这些现象都会在企业的财务指标中有所反映，通过财务分析就可以提早发现这些征兆，并及时采取解决办法。

二、财务分析的依据

财务分析所依据的主要资料是企业的财务报告。

企业财务报告是反映企业财务状况和经营成果的书面文件，它包括会计报表、会计报表附表、会计报表附注和财务情况说明书等。

会计报表主要有资产负债表、利润表和现金流量表等。

会计报表附表主要有资产减值准备明细表、股东权益增减变动表、应交增值税明细表、利润分配表、分部报表等。它是帮助理解会计报表的内容而对报表的编制基础、编制依据、编制原则和方法及主要项目等所作的解释。会计报表附表能为财务分析提供许多重要情况，所以在分析中应该予以重视。

会计报表附注是为了帮助理解会计报表的内容而对报表项目等所作的解释，其内容主要包括：所采用的主要会计处理方法和会计处理方法的变更情况、变更原因以及对财务状况和经营成果的影响，非经营性项目情况的说明，会计报表中有关重要项目的明细资料，其他有助于理解和分析报表需要说明的事项。会计报表附注往往能为财务分析提供许多重要的具体情况，在分析中应该予以重视。

财务情况说明书是为了评价企业财务状况和经营成果所提供的书面资料，主要说明企业的生产经营情况、利润实现和分配情况、资金增减和周转情况、税金缴纳情况、各项财产物资变动情况；对本期或者下期财务状况发生重大影响的事项；资产负债表编制日至报出财务报告前发生的重大财务事项；其他需要说明的事项。

三、财务分析的方法

财务分析的主要方法有以下三种：

（一）比较分析法

比较分析法是通过经济指标间数量上的比较，揭示各经济指标间的数量关系和数量差异的一种方法。它的主要作用在于揭示财务活动中的数量关系和存在的差距，从中发现问题，为进一步分析原因、挖掘潜力提供帮助。比较法有以下三种形式：

1. 实际指标同计划（定额）指标比较。可以反映实际与计划或定额之间的差异，了解该项指标的计划或定额的完成情况。

2. 本期指标同上期指标或历史最好水平比较。可以确定前后不同时期有关指标的变动情况，了解企业生产经营活动的发展趋势和管理工作的改进情况。

3. 本企业指标同其他企业指标比较。可以了解与其他企业之间的差距。

运用比较分析法进行比较分析时，要比较两种指标数值：一是绝对数值指标比较，说明数额差异，借以了解金额变动情况；二是相对数值指标比较，说明百分率差异，借以了解变动程度。

提示：运用比较分析法对同一性质指标进行数量比较时，要注意所利用指标的可比性。比较双方的指标在内容、时间、计算方法、计价标准上口径应当一致，必要时，对所用的指标可按同一口径进行调整换算。

（二）比率分析法

比率分析法是通过计算经济指标的比率来确定经济活动变动程度的分析方法。比率是相对数，采用这种方法，要把分析对比的数值变成相对数，计算出各种比率指标，然后进行比较。比率指标主要有以下三类：

1. 效率比率。是反映经济活动中投入与产出、所费与所得的比率。利用效率比率可以考察经营成果，评价经济效益的指标，如成本利润率、销售利润率及资本利润率等。

2. 结构比率。又称"构成比率"，是某个经济指标的某个组成部分与总体的比率，反映部分与总体的关系。其计算公式为：

$$结构比率 = \frac{某个组成部分数额}{总体数额} \times 100\%$$

利用结构比率可以考察总体中某部分形成与安排的合理性，以协调各项财务活动。

3. 相关比率。是将两个不同但又有一定关联的项目加以对比得出的比率，以反映经济活动的各种相互关系。实际上财务分析的许多指标都是这种相关比率，如流动比率、负债权益比率、资产周转率等。利用相关比率指标，可以考察有联系的相关业务安排是否合理，以保障生产经营活动能够顺畅运行。

比率分析法的优点是计算简便，计算结果容易判断分析，而且可以使某些指标在不同规模企业间比较。但要注意以下几点：

（1）比率指标中的对比指标要有相关性。比率指标从根本上来说都是相关比率指标，对比的指标必须有关联性，把不相关的指标进行对比没有意义。在构成比率中，部分指标必须是总体指标这个大系统中的一个小系统，小系统只能处在这个大系统中，而且必须全部处在这个大系统中，才有比较的可能。在效率比率指标中，投入与产出必须有因果关系，费用应是为取得某项收入而花费的费用，收入必须是花费相应的耗资而实现的收入。没有因果关系的得失比较不能说明经济效益水平。

（2）比率指标中对比指标的计算口径要一致。同比较分析法一样，在同一比率中的两个对比指标在计算时间、计算方法、计算标准上口径也应当一致。有些容易混淆的概念，如营业收入和主营业务收入、销售收入和赊销收入、营业利润和净利润等，使用时必须注意划清界限。

（3）采用的比率指标要有对比的标准。财务比率能从指标的联系中，反映企业财务活动的内在关系，但它所能提供的只是企业某一时点或某一时期的实际情况。为了说明问题，还需选用一定的标准与之对比，以便对企业的财务状况作出评价。

> 通常用于对比的标准有以下几种：
> 预定指标——企业自己设定的，要求财务工作在某个方面应该达到的目标。
> 历史标准——本企业在过去经营中实际完成的标准，它是企业已经达到的实际水平。
> 行业标准——本行业内同类企业已经达到的水平。行业内同类企业的标准有两种：一种是先进水平，另一种是平均水平。
> 公认标准——经过长期时间经验的总结，为人们共同接受，达到约定俗成程度的一些标准。例如，反映流动资产与流动负债关系的流动比率，公认为2∶1时比较稳妥，因此2∶1就可以列为公认标准。

（三）趋势分析法

趋势分析法就是将两期或连续数期财务报告中的相同指标或比率进行对比，求出它们增减变动的方向、数额和幅度的一种方法。趋势分析法通常有以下三种方式：

1. 重要财务指标的比较。是将不同时期财务报告中相同的重要指标或比率进行比较，直接观察其增减变动情况幅度及发展趋势。

对不同时期财务指标的比较，可以有两种方法：定基动态比率和环比动态比率。

（1）定基动态比率。它是以某一时期数额为固定基期数额计算出来的动态比率。其计算公式为：

$$定基动态比率 = 分析期数额 \div 固定基期数额$$

（2）环比动态比率。它是以每一分析期的前期数额为基期数额计算出来的动态比率。其计算公式为：

$$环比动态比率 = 分析期数额 \div 前期数额$$

2. 会计报表的比较。是将连续数期会计报表的有关数字并行排列，比较相同指标的增减变动金额及幅度，以此来说明企业财务状况和经营成果的发展变化。一般可以通过编制比较资产负债表、比较利润表及比较现金流量表进行，计算出各有关项目增减变动的金额及变动百分比。

3. 会计报表项目构成的比较。这是在会计报表比较的基础上发展而来的。它是以会计报表中的某个总体指标作为100%，再计算出其各组成项目占该总体指标的百分比，从而比较各个项目百分比的增减变动，以此判断有关财务活动的变化趋势。这种方法比前述两种方法更能准确地分析企业财务活动的发展趋势。

采用趋势分析法时，必须注意以下问题：

（1）用于进行对比的各个时期的指标，在计算口径上必须一致；

（2）剔除偶发性项目的影响，使作为分析的数据能反映正常的经营状况；

（3）运用例外原则，应对某项有显著变动的指标作重点分析，研究其产生的原因，以便采取对策趋利避害。

> **名词解释**
>
> **计算口径**：是指在财务分析中，对分析数据的范围和标准所作的限定。如比较第一季度利润比同期的增长幅度，就要把当年的一季度利润数同上年一季度的数额进行比较，两者口径一致，对比的结果才有意义。

第二节　常用财务指标分析和财务状况总体分析

一、常用财务指标分析

常用财务指标是反映企业财务基本情况的指标，主要包括偿债能力指标、营运能力指标和赢利能力指标等。

在日常工作中，常用财务指标分析主要借助于资产负债表和利润表进行，因为常用财务指标分析的主要数据都包含在这两个报表之中。

【应用举例】

为了方便以下所要介绍的分析方法的学习，现将大宇公司的资产负债表和利润表等资料列举如下（见表2-1、表2-2）。

表2-1　　　　　　　　　　资产负债表

××年12月31日　　　　　　　　　　　　　　　单位：万元

资产	年初数	年末数	负债及所有者权益	年初数	年末数
流动资产：			流动负债：		
货币资金	800	900	短期借款	2 000	2 300
交易性金融资产	1 000	500	应付账款	1 000	1 200
应收账款	1 200	1 300	预收账款	300	400
预付账款	40	70	其他应付款	100	100
存货	4 060	5 280	流动负债合计	3 400	4 000
流动资产合计	7 100	8 050	长期负债	2 000	2 500
长期债权投资	400	400	所有者权益：		
固定资产净值	12 000	14 000	实收资本	12 000	12 000
无形资产	500	550	盈余公积	1 600	1 600
			未分配利润	1 000	2 900
			所有者权益合计	14 600	16 500
资产总计	20 000	23 000	负债及所有者权益合计	20 000	23 000

表 2-2　　　　　　　　　　　利　润　表
×× 年度　　　　　　　　　　　　　　　　　　　　单位：万元

项　目	上年数	本年数
一、营业收入	18 000	20 000
减：营业成本	10 700	12 200
营业税金及附加	1 080	1 200
减：销售费用	1 620	1 900
管理费用	800	1 000
财务费用	200	300
加：投资收益	900	1 300
二、营业利润	4 500	4 700
加：营业外收入	100	150
减：营业外支出	600	650
三、利润总额	4 000	4 200
减：所得税费用（税率为25%）	1 000	1 050
四、净利润	3 000	3 150

（一）偿债能力分析

偿债能力是指企业偿还各种到期债务的能力。它是反映企业财务状况和经营能力的重要标志。企业偿债能力低，不仅说明企业资金紧张，难以支付日常经营支出，而且说明企业资金周转不灵，难以偿还到期债务，甚至面临破产的危险。

偿债能力分析主要分为短期偿债能力分析与长期偿债能力分析。

1. 短期偿债能力分析。短期偿债能力是指企业偿付流动负债的能力。在资产负债表中，流动负债与流动资产形成一种对应关系。流动负债是在一年内或一个营业周期内需要偿付的债务，一般来说这种债务需以流动资产来偿付。因此，可以通过分析流动负债与流动资产之间的关系来判断企业的短期偿债能力。同时它也是评价流动资产变现能力的重要指标。短期偿债能力的衡量指标主要有流动比率、速动比率和现金比率三项。

（1）流动比率。流动比率是企业流动资产与流动负债的比率，是衡量企业短期偿债能力最通用的比率。它说明 1 元流动负债有多少流动资产可以作为支付的保证。其计算公式为：

流动比率＝流动资产÷流动负债

根据表 2-1 的资产负债表中数据，大宇公司的流动比率为：

上年流动比率＝7 100÷3 400＝2.088

本年流动比率＝8 050÷4 000＝2.013

计算结果表明，大宇公司连续两年流动比率均大于 2，说明该企业具有较强的短期偿债能力。

一般认为，流动比率2∶1的比例比较适宜，它表明企业财务状况稳定可靠，除了满足日常生产经营的流动资金需要外，还有足够的财力偿付到期短期债务。如果比例过低，则表示企业的流动资金可能捉襟见肘，难以如期偿还债务，但是，流动比率也不能过高，过高则表明企业流动资产占用较多，会影响资金的使用效率和企业的获利能力。

（2）速动比率。速动比率是企业速动资产与流动负债的比率。速动资产是指流动资产减去变现能力差且不稳定的存货、待摊费用、待处理流动资产损失等后的余额。由于剔除了存货等变现能力较弱且不稳定的资产，因此，速动比率比流动比率能够更加准确、可靠地评价企业资产的流动性及偿还短期债务的能力。其计算公式为：

$$速动比率 = 速动资产 \div 流动负债$$

一般认为速动比率为1∶1较合适，速动比率过低，企业面临偿债风险；速动比率过高，则又说明企业因拥有过多的货币性资产，可能失去一些有利的投资和获利机会。

根据表2-1的资料，大宇公司速动比率计算如下：

上年速动比率 $= \dfrac{800 + 1\ 000 + 1\ 200 + 40}{3\ 400} = 0.894$

本年速动比率 $= \dfrac{900 + 500 + 1\ 300 + 70}{4\ 000} = 0.693$

大宇公司本年初和年末的速动比率都比一般公司标准低，这说明该公司虽然两年的流动比率都较高，但流动资产结构中存货比重过大，以致实际的短期偿债能力并不十分理想。

（3）现金比率。现金比率是企业现金类资产与流动负债的比率。现金类资产包括企业所拥有的货币资金和持有的有价证券（即资产负债表中的短期投资）。这些现金类资产或者可以随时提现，或者可以随时转让变现，或者可以随时贴现变现，总之，持有它们就等于持有现金。现金比率的计算公式为：

$$现金比率 = (现金 + 有价证券) \div 流动负债$$

根据表2-1资料，大宇公司本年的现金比率为：

年初现金比率 $= (800 + 1\ 000) \div 3\ 400 = 0.529$

年末现金比率 $= (900 + 500) \div 4\ 000 = 0.35$

现金比率越高，表明企业的直接支付能力越强，信用也越可靠。但是，现金的特性决定了企业现金比率过高，会丧失相应的现金的周转利益和投资利益，承受较高的机会成本。因此，现金储备也应有一个合理的限度。

2. 长期偿债能力分析。长期偿债能力是指企业偿还长期负债的能力。它表明企业对债务负担的承受能力和偿还债务的保障能力。反映企业长期偿债能力的财务指标主要有资产负债率、产权比率、利息保障倍数。

（1）资产负债率。资产负债率是企业负债总额与资产总额的比率。其计算公式如下：

$$资产负债率 = \dfrac{负债总额}{资产总额} \times 100\%$$

资产负债率表明企业全部资产中负债所占的比重，它不仅是评价企业用全部资产偿还全部负债能力的指标，而且也是衡量企业负债经营能力和安全程度的指标。

> 如果资产负债比率较大，从所有者角度来说，也就意味着利用较少量的自有资金投资，形成了较多的生产经营资产，不仅扩大了生产经营规模，而且在经营状况良好的情况下，还可以利用财务杠杆的原理，得到较多的投资利润。但该比率过大，则表明企业的债务负担重，资金实力不强，企业的偿债能力就缺乏保证，对债权人不利。如果资产负债率大于1，说明企业资不抵债，为维护自己的利益可向人民法院申请企业破产。

根据表2-1的资料，大宇公司上年、本年度资产负债率为：

上年负债比率 $= \dfrac{5\,400}{20\,000} \times 100\% = 27\%$

本年负债比率 $= \dfrac{6\,500}{23\,000} \times 100\% = 28.3\%$

以上表明，该公司连续两年的负债比率不高，说明其长期偿债能力较强。

资产负债率指标反映债权人所提供的资本占全部资本的比例，因此也称为举债经营比率。在利用资产负债率分析企业财务状况时，要注意以下问题：

第一，从债权人的立场看，他们最关心贷给企业的款项的安全程度，也就是能否按期收回本金和利息。如果股东提供的资本与企业资本总额相比只占较少的比例，则企业的风险将主要由债权人承担，这对债权人来讲是不利的。因此，他们希望债务比例越低越好；企业偿债有保障，贷款不会有太大的风险。

第二，从股东的角度看，由于企业通过举债筹措的资金与股东所提供的资金在经营中发挥同样的作用，所以股东所关心的是全部资本利润率是否超过借入款项的利率，即借入资本的代价。当企业全部资本利润率低于借款利息率时，股东所得到的利润率低于借款利息率，对股东不利，因为借入资本的多余的利息部分要用股东所得的利润来弥补。因此，从股东的立场看，在全部资本利润率高于借款利息率时，负债比例越大越好。

第三，从经营者立场看，如果举债很大，超过债权人心理承受程度，则认为是不保险的，企业就借不到钱。如果企业不举债或负债比例很小，说明企业畏缩不前，对前途信心不足，利用债权人资本进行经营活动的能力很差。借款比率越大（当然不是盲目地借款），越显得企业活力充沛。

第四，从财务管理的角度来看，企业应当审时度势，全面考虑，在利用资产负债率制定借入资本决策时，必须充分估计预期的利润和增加的风险，在二者之间权衡利害得失，作出正确决策，合理确定资本结构。

（2）产权比率。产权比率是指负债总额与所有者权益的比率，是企业财务结构稳健与否的重要标志，又称"资本负债率"，它反映企业投资者权益对债权人权益的保障程度。其计算公式如下：

产权比率 =（负债总额 ÷ 所有者权益）× 100%

> 一般来说，这一比率越低，表明企业长期偿债能力越强，债权人权益保障程度越高，承担的风险越小。一般认为该比率为1∶1，即100%以下时，应该是有偿债能力的，当然还应结合企业的具体情况加以分析。

根据表2-1资料，大宇公司的产权比率为：

上年产权比率 = $\frac{5\ 400}{14\ 600} \times 100\% = 37\%$

本年产权比率 = $\frac{6\ 500}{16\ 500} \times 100\% = 39.4\%$

该公司连续两年产权比率都不高,表明企业的长期偿债能力较强,债权人的保障程度较高。

> 资产负债率与产权比率具有共同的经济意义,两个指标可以相互补充。同时,产权比率的分析可以参见对资产负债率指标的分析。但两个比率侧重点不同,资产负债率侧重于分析债务偿付安全性的物质保障程度,产权比率则侧重于揭示财务结构的稳健程度以及自有资金对偿债风险的承受能力。

(3) 利息保障倍数。又称"已获利息倍数",是指企业生产经营所获得的息税前利润与利息费用的比率,反映了获利能力对债务偿付的保证程度。其计算公式为:

$$利息保障倍数 = 息税前利润 \div 利息费用$$
$$或 = (净利润 + 利息费用 + 所得税) \div 利息费用$$

提示:为了准确地反映利息的保障程度,分母中的利息费用应包括财务费用的利息和资本化利息两部分。

根据表2-2资料,大宇公司的利息保障倍数计算如下(假定表中财务费用全部为利息费用):

上年利息保障倍数 = (4 000 + 200) ÷ 200 = 21(倍)

本年利息保障倍数 = (4 200 + 300) ÷ 300 = 15(倍)

计算结果说明,该企业两年的利息保障倍数都较高,有较强的偿付债务利息的能力。

利息保障倍数指标反映企业经营收益为所需支付的债务利息的多少倍。只要倍数足够大,企业就有充足的能力偿付利息,否则相反。

(二) 营运能力分析

对企业营运能力的分析,实际上就是对各项资产的周转使用情况进行分析。资产管理涉及购、产、销各环节,常用的指标有以下几种:

1. **应收账款周转率**。是反映应收账款周转速度的指标。它是一定时期内赊销收入净额与应收账款平均余额的比率。应收账款周转率有两种表示方法:一种是应收账款在一定时期内的周转次数,另一种是应收账款周转天数。

营运能力分析

$$应收账款周转次数 = \frac{赊销收入净额}{应收账款平均余额}$$

其中:

$$赊销收入净额 = 销售收入 - 现销收入 - 销售退回、折让、折扣$$
$$应收账款平均余额 = \frac{期初应收账款 + 期末应收账款}{2}$$

应收账款周转天数是指一定时期内应收账款平均周转一次所需要的天数,又叫"应收账款平均收账期"。

$$应收账款周转天数 = \frac{计算期天数}{应收账款周转次数}$$

$$= \frac{计算期天数 \times 应收账平均余额}{赊销收入净额}$$

如果企业的应收账款在一定时期内周转次数多、周转天数少则表明：

（1）企业收账迅速，信用销售管理严格；
（2）应收账款流动性强，从而增强企业短期偿债能力；
（3）可以减少收账费用和坏账损失，相对增加企业流动资产的投资收益。

提示： 并不是应收账款周转率越高越好，过高可能是实行了严格的信用政策、付款条件苛刻的结果，这种结果容易失掉购买方客户，反倒会使销售收入减少。

根据以上资料，假定大宇公司前年应收账款年末余额 1 100 万元，近两年年度销售收入中赊销部分均占 30%，则这两年应收账款周转率计算如表 2-3 所示。

表 2-3　　　　　　　　　　　应收账款周转率计算表　　　　　　　　　　单位：万元

项目	前年	上年	本年
①赊销收入净额		5 400	6 000
②应收账款年末余额	1 100	1 200	1 300
③应收账款平均余额		1 150	1 250
④应收账款周转次数（④=①÷③）		4.7	4.8
⑤应收账款周转天数（⑤=360÷④）		76.6	75.0

以上结果表明，该企业本年应收账款周转率比上年有所改善，周转次数由 4.7 次，提高为 4.8 次，周转天数由 76.6 天缩短为 75.0 天。这不仅说明企业的营运能力略微有所增强，而且对流动资产的变现能力和周转速度也会起到一定作用。

2. 存货周转率。在流动资产中，存货所占比重较大，存货的流动性将直接影响企业的流动比率，因此，必须重视对存货的分析。存货周转率是指一定时期内企业销货成本与存货平均资金占用额的比率，是衡量和评价企业购入存货、投入生产、销售收回等各环节管理状况的综合性指标，又叫"存货周转次数"。其计算公式为：

$$存货周转率 = \frac{销货成本}{存货平均余额}$$

其中：

$$存货平均余额 = \frac{期初存货 + 期末存货}{2}$$

存货周转率也可以用周转天数表示，其计算公式为：

$$存货周转天数 = \frac{计算期天数}{存货周转次数}$$

$$= \frac{计算期天数 \times 存货平均余额}{销货成本}$$

假设大宇公司前年存货年末余额为 3 800 万元，则上年、本年的存货周转率可计算如表 2-4 所示。

表 2-4　　　　　　　　　　　存货周转率计算表　　　　　　　　　　　单位：万元

项　目	前年	上年	本年
①销货成本		12 320	14 100
②存货年末余额	3 800	4 060	5 280
③存货平均余额		3 930	4 670
④存货周转次数（④＝①÷③）		3.18	3.31
⑤存货周转天数（⑤＝360÷④）		113.20	108.80

以上计算结果表明，该公司本年存货周转率比上年延缓（次数减少、天数增加）。这反映出该公司本年的存货管理效率不如上年，其原因可能与本年存货增长幅度过大有关。

> 一般来说，存货周转速度越快，存货占用水平越低，流动性越强，存货转换为现金或应收账款的速度越快，这样会增强企业的短期偿债能力及获利能力。反之，则表明企业的销售能力弱。存货不能储存过多，否则可能造成存货积压；存货也不能储存过少，否则可能造成生产中断或因资源不足影响销售。

3. 流动资产周转率，是一定时期销售收入净额与流动资产平均占用额之间的比率。其计算公式为：

$$流动资产周转率（次数）=\frac{销售收入净额}{流动资产平均余额}$$

$$流动资产周转期（天数）=\frac{计算期天数}{流动资产周转次数}$$

$$=\frac{计算期天数 \times 流动资产平均余额}{销售收入净额}$$

其中：

$$流动资产平均余额=\frac{期初流动资产+期末流动资产}{2}$$

在一定时期内，流动资产周转次数越多，表明以相同的流动资产完成的周转额越多，流动资产利用效果越好；流动资产周转天数越少，表明流动资产在经历生产销售各阶段所占用的时间越短，可相对节约流动资产，增加企业赢利能力。

根据表 2-1、表 2-2 的资料，假设前年末该企业流动资产余额为 6 000 万元，可计算对比大宇公司近两年流动资产周转情况，如表 2-5 所示。

表 2-5　　　　　　　　　　　流动资产周转率计算表　　　　　　　　　　　单位：万元

项　目	前年	上年	本年
①产品销售收入净额		18 000	20 000
②流动资产年末余额	6 000	7 100	8 050
③流动资产平均余额		6 550	7 575
④流动资产周转次数		2.75	2.64
⑤流动资产周转天数		131.0	136.4

由计算结果可知,该公司本年流动资产周转率比上年延缓了5.4天,流动资产占用增加,增加占用的数额计算公式如下:

$$流动资产增加占用数额 = (136.4 - 131.0) \times \frac{20\,000}{360} = 3\,000(万元)$$

4. 固定资产周转率,是指企业年销售收入净额与固定资产平均净值的比率。它是反映企业固定资产周转情况,从而衡量固定资产利用效率的一项指标。其计算公式为:

$$固定资产周转率 = \frac{销售收入净额}{固定资产平均净值}$$

其中:

$$固定资产平均净值 = \frac{年初固定资产净值 + 年末固定资产净值}{2}$$

> 固定资产周转率高,说明固定资产投资得当、结构合理,利用效率高;反之,如果固定资产周转率不高,则表明利用效率不高,提供的生产成果不多,企业的营运能力较弱。

根据表2-1、表2-2及有关资料,可计算大宇公司上年、本年固定资产周转率,如表2-6所示。

表2-6　　　　　　　　　　固定资产周转率计算表　　　　　　　　　　单位:万元

项目	前年	上年	本年
①销售收入净额		18 000	20 000
②固定资产年末净值		12 000	14 000
③固定资产平均净值	11 800	11 900	13 000
④固定资产周转次数（④=①÷③）		1.51	1.54

以上计算结果表明,公司本年固定资产周转率比上年有所加快,其主要原因是固定资产净值的增长幅度低于销售收入净额增长幅度。这表明企业的营运能力有所提高。

5. 总资产周转率。是企业销售收入净额与企业资产平均总额的比率。其计算公式为:

$$总资产周转率 = \frac{销售收入净额}{资产平均总额}$$

如果企业各期资产总额比较稳定,波动不大,则可以用下面的公式计算:

$$资产平均总额 = (期初资产总额 + 期末资产总额) \div 2$$

如果资金占用的波动性较大,企业应采用更详细的资料进行计算,如按照各月份的资金占用额计算。应该注意的是,计算总资产周转率时分子与分母在时间上应保持一致。

> 总资产周转率主要用来衡量企业全部资产的使用效率。如果该比率较低,说明企业全部资产营运效率较低,可采用薄利多销或处理多余资产等方法,加速资产周转;如果该比率较高,说明企业资产周转快,销售能力强,资产运营效率高。

根据表2-1、表2-2及有关资料,可计算大宇公司上年、本年总资产周转率如表2-7所示。

表2-7　　　　　　　　　　　总资产周转率计算表　　　　　　　　　　单位：万元

项目	前年	上年	本年
①销售收入净额		18 000	20 000
②全部资产年末余额	19 000	20 000	23 000
③全部资产平均余额		19 500	21 500
④全部资产周转次数（④=①÷③）		0.92	0.93

以上计算表明，公司本年全部资产周转率比上年略有加快。这是因为该公司固定资产平均净值的增长程度（9.24%）虽低于销售收入的增长程度（11.11%），但流动资产平均余额的增长程度（15.65%）却大大高于销售收入的增长程度，所以总资产的利用效果难以大幅提高。

（三）盈利能力分析

盈利能力是指企业获取利润的能力，通常表现为一定时期内企业收益数额的多少及水平的高低。就企业内部管理者而言，盈利是其一切生产经营活动和管理工作的出发点和归宿点，通过对盈利能力的分析，可判定企业盈利水平数量的高低、时间的稳定性和持久性以及盈利潜力等。一般来说，企业的盈利能力只涉及正常的营业状况。非正常的营业状况虽然也会给企业带来收益或损失，但那只是在特殊状况下的个别结果，不能说明企业的盈利能力。因此在分析企业盈利能力时，应当排除以下情况：

（1）证券买卖等非正常项目；
（2）已经或将要停止的营业项目；
（3）重大事故或法律更改等特别项目；
（4）会计准则和财务制度变更带来的累积影响等因素。

盈利能力分析

反映盈利能力的指标很多，通常使用的主要有以下几种：

1. 销售净利率，是指净利润额与销售收入的百分比。其计算公式为：

$$销售净利率 = (净利润额 \div 销售收入净额) \times 100\%$$

销售净利率表示企业每百元产品或商品销售收入净额实现的净利润是多少。从销售净利率的指标关系看，净利润额与销售净利率成正比关系，而销售收入净额则与销售净利率成反比关系。企业在增加销售的同时，必须相应地获得更多的净利润，才能使销售净利率保持不变或有所提高。

根据表2-2资料，大宇公司销售净利率计算如下：

$$上年销售净利率 = \frac{3\,000}{18\,000} \times 100\% = 16.6\%$$

$$本年销售净利率 = \frac{3\,150}{20\,000} \times 100\% = 15.7\%$$

2. 成本费用利润率，是指企业利润总额与成本费用总额的比率。它是反映企业生产经营过程中发生的耗费与获得的收益之间的关系的指标。其计算公式为：

$$成本费用利润率 = \frac{利润总额}{成本费用总额} \times 100\%$$

该比率越高，表明企业耗费所取得的收益越高。这是一个能直接反映增收节支、增产节约效益的指标。企业生产销售的增加和费用开支的节约都能使这一比率提高。

根据表2-2的资料，大宇公司的成本费用利润率可计算如下：

$$上年成本费用利润率 = \frac{4\,000}{10\,700 + 1\,620 + 800 + 200} \times 100\%$$

$$= \frac{4\,000}{13\,320} \times 100\% = 30.03\%$$

$$本年成本费用利润率 = \frac{4\,200}{12\,200 + 1\,900 + 1\,000 + 300} \times 100\%$$

$$= \frac{4\,200}{15\,400} \times 100\% = 27.27\%$$

以上结果表明，该企业成本费用利润率本年比上年下降了2.76%（30.03% - 27.27%），这是企业其他一系列反映效益的比率指标，都不如上年好的关键原因。企业应当深入检查导致成本费用上升的因素，改进有关工作，以便扭转效益指标下降的状况。

3. 总资产利润率，是企业利润总额与企业资产平均总额的比率。它是反映企业资产综合利用效果的指标，也是衡量企业利用债权人和所有者权益的总额所取得盈利的重要指标。其计算公式为：

$$总资产利润率 = \frac{利润总额}{资产平均总额} \times 100\%$$

上式中，资产平均总额为年初资产总额与年末资产总额的平均数。总资产利润率越高，表明资产利用的效果越好，整个企业获利能力越强，经营水平越高。

根据表2-1、表2-2的资料，大宇公司总资产利润率计算如下：

$$上年总资产利润率 = \frac{4\,000}{(19\,000 + 20\,000) \div 2} \times 100\%$$

$$= \frac{4\,000}{19\,500} \times 100\% = 20.51\%$$

$$本年总资产利润率 = \frac{4\,200}{(20\,000 + 23\,000) \div 2} \times 100\%$$

$$= \frac{4\,200}{21\,500} \times 100\% = 19.53\%$$

计算结果表明，该企业资产综合利润率本年不如上年，需要对企业资产的使用情况、增产节约工作开展情况等作出进一步分析考察，以便改进管理，提高效益。

4. 权益利润率，是企业利润总额与平均股东权益的比率。它是反映股东投资收益水平的指标。其计算公式为：

$$权益利润率 = \frac{利润总额}{平均股东权益} \times 100\%$$

股东权益是股东对企业净资产所拥有的权益，而净资产是企业全部资产减去负债后的余额。股东权益包括实收资本、资本公积、盈余公积和未分配利润。平均股东权益为年初股东权益额与年末股东权益额的平均数。

该项比率越高，表明股东投资的收益水平越高，获利能力越强，反之，则收益水平不高，获利能力不强。

根据表2-1的资料，假设大宇公司前年末所有者权益合计为13 000万元，则该公司近

两年股东权益利润率可计算如下:

$$上年股东权益利润率 = \frac{4\,000}{(13\,000+14\,600)\div 2}\times 100\%$$

$$= \frac{4\,000}{13\,800}\times 100\% = 28.99\%$$

$$本年股东权益利润率 = \frac{4\,200}{(14\,600+16\,500)\div 2}\times 100\%$$

$$= \frac{4\,200}{15\,500}\times 100\% = 27.01\%$$

该企业本年股东权益利润率比上年降低近2个百分点。这是因为该企业股东权益的增长幅度大于利润总额增长幅度。根据资料可以求得:

$$股东权益的增长幅度 = \frac{15\,500-13\,800}{13\,800}\times 100\% = 12.68\%$$

$$利润总额的增长幅度 = \frac{4\,200-4\,000}{4\,000}\times 100\% = 5\%$$

> **小贴士**
>
> **从盈利现金比率看公司盈利质量**
>
> 计算公式:盈利现金比率=经营活动现金流量净额/净利润
>
> 一般情况下,该比率持续大于1,说明公司净利润全部或大部分变成现金;有些公司折旧高但并不支付现金的,也会出现此情况,如水力发电公司;该比率持续小于1,说明公司净利润质量不好,甚至可能出现生意做得越大日子越难过的情况。

> **知识链接**
>
> **杜邦财务分析**
>
> 杜邦财务分析是以净资产收益率为起点,以总资产净利率和权益乘数为基础,重点揭示企业盈利能力及权益乘数对净资产收益率的影响,以及各相关指标间的相互影响和作用关系。通过简单的因式分解,可以得到杜邦分析公式,即:
>
> 净资产收益率:销售净利率×总资产周转率×权益乘数
>
> 杜邦分析所涉及的三个驱动因素中,销售净利率是利润表的概括,代表了企业的赢利能力;总资产周转率是利润表与资产负债表的联系,反映了企业的营运能力;权益乘数是资产负债表的概括,代表企业的财务状况。

二、财务状况总体分析

财务状况总体分析就是将营运能力、偿债能力和赢利能力等方面的分析综合起来,纳入一个整体之中,全面地对企业经营状况、财务状况进行分析,从而对企业经济效益的优劣作出准确的评价和判断的过程。

(一)财务状况的趋势分析

企业财务状况的趋势分析主要是通过比较企业连续几个会计期间的财务报表或财务比

率，了解企业财务状况的变化趋势，并以此预测企业未来财务状况，判断企业的发展前景。企业财务状况的趋势分析主要应用以下方法：

1. 比较财务报表金额。比较财务报表金额是比较企业连续几期财务报表的数据，分析其增减变化的幅度及变化的原因，以判断企业财务状况的发展趋势。选择的期数越多，分析结果的准确性越高，但是进行比较分析时，必须考虑到各期数据的可比性。

【应用举例】

假设大宇公司有关资产负债表项目的比较分析如表 2-8 所示。

表 2-8　　　　　　　　　　大宇公司比较资产负债表　　　　　　　　　　单位：万元

资产	上年	本年	增（+）减（-）		负债与所有者权益	上年	本年	增（+）减（-）	
			金额	%				金额	%
流动资产	155	175	20	12.90	流动负债	72	90	18	25.00
长期债权投资	10	10	0	0	长期负债	43	50	7	16.28
固定资产	260	305	45	17.31	负债合计	115	140	25	21.74
无形资产	10	10	0	0	所有者权益	320	360	40	12.50
长期待摊费用	—	—	—	—	（其中实收资本）	260	260	0	0
资产合计	435	500	65	14.94	负债和所有者权益合计	435	500	65	14.94

评价简要说明：通过表 2-8 可以看出，该公司：（1）资产总额增加了 65 万元，增长了 14.94%。其中，流动资产增加 20 万元，增长 12.90%；固定资产增加 45 万元，增长 17.31%。（2）负债总额增加 25 万元，增长 21.74%。其中，流动负债增加 18 万元，增长 25%；长期负债增加 7 万元，增长 16.28%。（3）所有者权益增加 40 万元，增长 12.50%。

评价结论：大宇公司经营实力呈上升趋势。

假设公司利润表相关项目比较分析如表 2-9 所示。

表 2-9　　　　　　　　　　大宇公司比较利润表　　　　　　　　　　单位：万元

项　目	上年	本年	比上年增减	
			金额	%
一、营业收入	930	1 040	110	11.82
减：营业成本	540	620	80	14.81
营业税金及附加	55	60	5	9.09
减：销售费用	95	100	5	5.26
管理费用	45	50	5	11.11
财务费用	15	20	5	33.33
加：投资收益	15	15	0	0
二、营业利润	195	205	10	5.13
加：营业外收入	5	7	2	40
减：营业外支出	30	32	2	6.67
三、利润总额	170	180	10	5.88
减：所得税费用	68	72	4	5.88
四、净利润	102	108	6	5.88

评价简要说明：通过表 2-9 可以看出，该公司：（1）本年实现利润总额比上年增加 10 万元，增长 5.88%。其中，营业利润增加 10 万元，增长 5.56%；投资收益没有变化，营业

外收入增加 2 万元，增长 40%；（2）主营业务成本增加 80 万元，增长 14.81%，期间费用也相应增加。

评价结论：该公司实现利润总额、营业利润均呈上升趋势。

2. 比较财务报表构成，是把常规的财务报表核算成结构百分比报表，然后将不同年度的报表进行比较，以此来判断企业财务状况的发展趋势。

【应用举例】

假设大宇公司资产负债表构成比较分析如表 2-10 所示。

表 2-10   某公司资产负债表构成变动趋势评价表   单位：%

资产	结构比率			负债和所有者权益	结构比率		
	上年	本年	增减		上年	本年	增减
流动资产	35.63	35.00	-0.63	流动负债	16.55	18.00	+1.45
长期投资	2.30	2.00	-0.30	长期负债	9.89	10.00	+0.11
固定资产	59.77	61.00	+1.23	负债合计	26.44	28.00	+1.56
无形资产	2.30	2.00	-0.30	所有者权益	73.56	72.00	+1.56
递延资产	—	—	—				
资产合计	100	100		负债和所有者权益合计	100	100	

评价简要说明：通过表 2-10 可以看出，该公司：（1）流动资产本年结构比重为 35%，比上年下降 0.63%；固定资产本年结构比重为 61%，比上年增加 1.23%；说明企业资产占用结构不太合理，固定资产占用比重过大，且呈上升趋势。（2）本年负债结构比率为 28%，上升 1.56%；所有者权益结构比率为 72%，比上年下降 1.56%；说明企业负债经营的程度不高，但这一变动趋势是比较合理的。

评价结论：该公司固定资产比重偏大，流动资产比重偏小，所有者权益资金比重偏大，负债资金比重偏小，应设法改变这一状况。

3. 比较财务比率。财务比率反映了企业财务报表项目之间的对比关系，用来揭示企业的财务状况。企业的财务比率趋势评价分析分为纵向趋势评价分析和横向趋势评价分析。

（1）财务比率纵向趋势评价分析。它是指对本企业几个年度的主要财务比率进行比较、观察，以判断财务状况的发展趋势，属于动态评价。

根据大宇公司前面计算的主要财务比率，就可以编制该公司财务比率纵向趋势评价表如表 2-11 所示。

表 2-11   大宇公司财务比率纵向趋势评价表

主要财务比率	上 年	本 年	本年比上年增（+）减（-）情况
1. 偿债能力比率			
流动比率	2.088	2.013	-0.075
速动比率	0.894	0.693	-0.201
资产负债率	0.27	0.283	+0.013
产权比率	0.37	0.394	+0.024
2. 营运能力比率			

续表

主要财务比率	上 年	本 年	本年比上年增 （+）减（-）情况
存货周转天数	113.9 天	117.6 天	+3.7 天
应收账款周转天数	76.6 天	75 天	-1.6 天
流动资产周转天数	131.0 天	136.4 天	+5.4 天
总资产周转次数	0.92	0.93	+0.01 次
3. 盈利能力比率			
销售净利率	22.22%	21%	-1.22%
成本费用利润率	30.03%	27.27%	-2.76%
总资产净利率	15.38%	14.65%	-0.73%
权益净利率	21.74%	20.32%	-1.42%

评价简要说明：通过表 2-11 可以看出，该企业：①流动比率与速动比率下降，特别是速动比率数值较低，说明企业变现能力一般，短期偿债能力不是很强。②资产负债率和产权比率虽然在上升，但数值仍然较低，说明长期债权人的债权物资保障充足。③存货和流动资产周转天数有所上升，但总资产周转次数加快了，说明企业资金周转速度存在加快的趋势，企业营运能力和管理水平呈逐年提高趋势。④反映盈利水平的各种利润率均逐年下降，说明企业盈利能力呈逐年减弱趋势。

评价结论：该公司财务状况一般，本年与上年相比没有大的改变。应加强管理，严格控制成本费用，以扭转公司获利能力下降趋势。

（2）财务比率横向趋势评价分析。它是将本企业的主要财务比率与同行业平均水平或先进水平企业财务比率进行比较，以观察和判断企业在同行业中的相对水平和竞争能力趋势。如果本企业在诸多财务比率指标上都在同行业平均水平或先进水平企业中居于领先地位，则说明企业横向发展趋势良好，有较强的竞争能力。横向评价是某一时点上各企业间主要财务比率的比较，属于静态评价，但也应注意企业间的可比性。

（二）财务状况综合分析

财务状况综合分析是将反映企业经济效益指标纳入整体之中，对企业经营状况和财务状况进行全面分析和解剖的过程。

1. 企业经济效益评价指标体系。企业经济效益评价一般可以采用以下的指标体系：

（1）销售利润率 = 利润总额 ÷ 产品销售收入净额

（2）总资产报酬率 = 息税前利润总额 ÷ 平均资产总额

（3）资本收益率 = 净利润 ÷ 实收资本

（4）资本保值增值率 = 期末所有者权益总额 ÷ 期初所有者权益总额

（5）资产负债率 = 负债总额 ÷ 资产总额

（6）流动比率（或速动比率）= 流动资产（或速动资产）÷ 流动负债

（7）应收账款周转率 = 赊销净额 ÷ 平均应收账款余额

（8）存货周转率 = 产品销售成本 ÷ 平均存货成本

（9）社会贡献率 = 企业社会贡献总额 ÷ 平均资产总额

（10）社会积累率 = 上交国家财政总额 ÷ 企业社会贡献总额

上述指标可以分成四类：（1）~（4）项为获利能力指标；（5）~（6）项为偿债能力指标；（7）~（8）项为营运能力指标；（9）~（10）项为社会贡献指标。

2. 综合评价方法。

（1）综合分析表评价法。为了进行综合的财务评价，可以编制财务比率汇总表，将反映偿债能力、资金周转状况和获利能力的比率进行归类，得出各方面的状况。前面已经介绍了许多财务指标，我们可以从中选取一些指标编制成综合分析表（见表2-12）。

（2）编制综合分析表。编制综合分析表的程序如下：

①选定评价企业财务状况的比率。通常是选择能够说明问题的重要比率。因偿债能力、营运能力和盈利能力三类指标反映财务状况的侧重面不同，故应分别从中选择若干项具有代表性的比率。

表 2-12　　　　　　　　　　财务比率综合分析表

财务评价指标	标准值	实际值	关系比率	重要性系数	综合指数
销售利润率	15%	21%	1.4	15	21
速动比率	1	0.675	0.675	5	3.375
成本费用利润率				15	
资产负债率	50%	28.3%	0.566	15	8.49
流动比率	2	2.013	1.0065	15	15.098
应收账款周转率	4	4.8	1.2	5	6
存货周转率	2	3.08	1.54	5	7.7
资产周转率	1次	0.93次	0.93	15	13.95
股东权益利润率	40%	27%	0.675	10	6.75
合　计				100	80.603

②根据各项比率的重要程度，确定重要性系数。各项比率的系数之和为100%，重要程度的判断需根据企业经营财务状况、发展趋势以及企业所有者、债权人和管理人员的态度等具体情况而定。

③确立各项比率的标准值。财务比率的标准值是指各项财务比率在本企业现实条件下最理想的数值，即最优值。

④计算在一定时期内各项财务比率的实际值。

⑤求出各项财务比率实际值与标准值的比率，称为关系比率。

⑥求得各项财务比率的综合指数及其合计数。各项比率的综合指数是关系比率和重要性系数的乘积，其合计数可作为综合评价财务状况的一个依据，一般而言，综合指数合计数如果为100或接近100，则表明企业的财务状况基本上达到标准要求；如果与100有较大差距，则财务状况偏离标准要求较远。采用指数法综合分析评价企业财务状况，关键在于正确确定各项财务比率的重要性系数和标准值。这两项指标的确定带有很大的主观性，应根据历史经验和现实情况，合理地判断确定。

思考与练习

1. 为什么要进行财务分析?
2. 财务分析主要采用哪些方法?
3. 如果你是企业经营管理者,你最想了解管理上哪些问题?这些问题可以从哪些方面进行分析?
4. 通过常用财务指标分析,可以给我们揭示哪些方面的问题?
5. 现金流量表的信息比资产负债表和利润表的信息更为重要吗,为什么?

第三章 财务预算

【本章导引】 《孙子兵法·谋攻篇》中有一句名言:"知彼知己,百战不殆;不知彼而知己,一胜一负;不知彼不知己,每战必败。"这句话对财务管理的指导意义在于:在生产经营活动中,企业要了解市场变化,要了解其他企业情况,更要了解自己。不仅要了解自己的现在,更要预测未来。俗话说:"吃不穷,穿不穷,算计不到才受穷。"这里的"算计"就包含着预测、预算和计划未来的意思。如何对未来的经济活动作出财务预测,以使企业的生产经营活动能有秩序地顺利进行,就是本章所要介绍的内容。

【学习目标】 了解财务预算的作用和种类,掌握财务预算的编制方法。

【学习重点】 财务预算的编制方法。

第一节 财务预算的分类

一、财务预算的种类和作用

(一)什么是财务预算

简单地说,财务预算就是对企业未来一段时间的资金运作所作的各种打算和安排。它的基础是预测和决策,前提是明确企业的发展目标,目的是把企业的眼前利益与长远发展有机结合起来,促进企业的可持续发展。

财务预算具体包括现金预算、预计利润表、预计资产负债表和预计现金流量等内容。

> 【分辨】
>
> **财务预算与财务计划的区别**
>
> 财务计划是根据财务的远期预算编制的，反映资金及其来源、财务收入和支出、财务成果及其分配的计划。
>
> 两者的区别在于：
>
> （1）财务预算时间跨度要大于财务计划，一般是按照半年、年编制，财务计划一般是按月编制。
>
> （2）财务计划的严肃性要大于财务预算，计划一旦形成，各部门要坚决执行，而财务预算在执行中可以根据实际变化情况作适当调整。在实际工作中，有时两者又混用，有时叫"预算"，有时叫"计划"。

（二）财务预算有什么用处

在财务管理中，财务预算有不可或缺的重要作用，主要表现在以下几个方面：

1. 计划作用——明确一定时期财务工作的目标。
2. 控制作用——控制日常财务活动。
3. 考核作用——考核财务管理工作。

企业预算编制与
控制管理

二、财务预算的种类

由于企业的资金分布在生产经营的各个环节中，各个环节的资金在管理上都需要编制预算来加以控制，所以，财务预算并不是单一形式，而是包括多种类型。企业在财务管理中，应按管理的不同需要，按照不同时间、不同管理对象编制不同的财务预算。财务预算按照不同标准可以分为以下几类：

1. 按照预算期长短可分为短期预算（1年以内）和长期预算（超过1年）。
2. 按其灵活程度分为固定预算、弹性预算、零基预算和滚动预算。

第二节 财务预算的编制方法

一、固定预算的编制方法

固定预算是按照企业预定的经营活动水平，不考虑预算期内可能发生的变动而编制的预算。

【主要特点】

1. 不考虑预算期内业务量水平可能发生的变动，而是以预算期内计划预定的活动水平为基础，确定相应的数据。

2. 将实际结果与按预算期内预定的某一共同的活动水平所确定的预算数进行比较、分析，并据以进行业绩评价、考核。

3. 预算编制后通常在计划期内不作变动，具有相对稳定性。

【方法评价】

优点：这种方法工作量小。

缺点：当实际业务量与预算发生差异时，就难以将实际绩效与预算进行对比，即使勉强加以对比，也很难评价其工作绩效。

【适用范围】

本方法适用于经营管理完善，产品品种相对固定，能比较准确地预测产品需求和产品成本变动不大的企业。

【应用举例】

C 公司在预算期内预计销售 1.5 万件 B 产品，单位售价为 1 000 元；单位产品变动成本构成如下：直接材料费 240 元；直接人工费 120 元；变动性制造费用 100 元；变动性销售及管理费用 40 元，年固定性制造费用预算为 200 万元，实际为 205.5 万元，固定性销售及管理费用预算为 100 万元，实际为 100 万元，但实际生产并销售的产品仅为 1.2 万件。试采用固定预算法，编制 C 公司财务预算表（见表 3-1）。

表 3-1 ××年度财务预算（固定预算） 单位：万元

项 目	年初固定预算数	年末实际执行数	差异及评价
销售量（件）	15 000	12 000	↓3 000（不利）
销售收入	1 500	1 200	↓300（不利）
减：（变动成本）			
直接材料	360	288	↓72（有利）
直接人工	180	144	↓36（有利）
制造费用	150	120	↓30（有利）
销售及管理费用	60	48	↓12（有利）
变动成本合计	750	600	↓150（有利）
贡献毛益	750	600	↓150（不利）
减：（固定成本）			
制造费用	200	205.50	↑5.50（不利）
销售及管理费用	100	100	0
固定成本合计	300	305.50	↑5.50（不利）
经营利润	450	294.50	↓155.50（不利）

从表 3-1 的计算可以看出，固定预算法，是假设销售价格、变动成本、固定成本都不变的前提下编制的预算，因而也把它称为"静态预算"。

二、弹性预算的编制方法

弹性预算是在考虑预算周期内企业生产经营活动可能发生的变动基础上，按照可预见的不同生产经营活动水平,分别确定财务数据,反映变动了的生产经营业务情况而编制的预算。

【主要特点】

它是按照预算期内可预见的多种业务活动水平确定不同的预算额,或是按实际业务活动水平调整其预算额。待实际业务量发生后,将实际指标与实际业务量相应的预算进行对比,使预算执行情况的评价与考核建立在更加客观和可比的基础上。

【适用范围】

弹性预算主要适用于成本预算和利润预算的编制。用弹性预算的方法编制成本预算时,其关键在于把所有的成本划分为变动成本和固定成本两大部分。

> **名词解释**
>
> **变动成本和固定成本**:在产品成本的构成项目中,那些随着产量、作业量、商品流通量等业务量的变动而跟着变动的成本,就叫"变动成本"。比如原材料,它会随着生产数量的增加呈同比例的增加,随生产数量的减少呈同比例的减少。销售费用也是一样,它会随着产品销售数量的增减变动而同比例变动。
>
> 与此相反的,那些不随业务量变动,自身保持相对固定的成本就叫"固定成本"。比如管理人员的工资和一般的管理费用,它们不会随着产量的变动而呈同比例变动,所以它们是固定成本。

成本弹性预算公式如下:

成本弹性预算 = 固定成本预算数 + ∑(单位变动成本预算数 × 预计业务量)

(注:"∑"读"西格玛",是求和符号。)

【编制程序】

我们以成本弹性预算的编制为例,说明弹性预算的编制程序:

第一步:确定需要编制预算的某种产品、预算期间、预算期间的成本项目等相关范围,预期在预算期内业务活动水平将在这一相关范围内变动。

第二步:选择经营活动水平的计量标准,如产量单位、直接人工小时、机器小时等。

第三步:根据成本与产量之间的依存关系,将成本分为固定成本、变动成本两大类,并将其中的混合成本分解为固定成本和变动成本,然后分别并入固定和变动成本之中。

第四步:确定预算期内各项业务活动水平。

【应用举例】

C公司生产一种甲产品,单位变动成本为400元(其中,直接材料为240元,直接人工为120元,制造费用为40元),固定成本总额为8万元。甲产品的最高生产量为240件,最低生产量为160件,正常生产销售量为200件。根据上述资料编制成本的弹性预算如表3-2所示。

表3-2　　　　　　　　　　　　　成本弹性预算表　　　　　　　　　　　　　　单位:元

业务量(件)	160	180	200	220	240
正常生产能力的百分比	80%	90%	100%	110%	120%
变动成本(400元)	64 000	72 000	80 000	88 000	96 000
其中:直接材料(240元)	38 400	43 200	48 000	52 800	57 600
直接人工(120元)	19 200	21 600	24 000	26 400	28 800
制造费用(40元)	6 400	7 200	8 000	8 800	9 600
固定成本	80 000	80 000	80 000	80 000	80 000
总成本	144 000	152 000	160 000	168 000	176 000

假如在实际执行中，实际销售量为220件，实际总成本为16.9万元，可算出总成本比预算超支了1 000元（169 000 – 168 000）。

【方法评价】

优点：（1）能够适应不同经营活动情况的变化，扩大预算的范围，更好地发挥预算的控制作用，避免在实际情况发生变化时，对预算作频繁的修改；（2）预算对实际执行情况的评价与考核建立在更加客观可比的基础上。

缺点：本方法编制预算工作量较大。

【举一反三】

为了保证弹性预算的实用性，在编制预算的时候，不仅要关注企业内部的变化，更要关注竞争市场的变化。根据市场的变化，有针对性地扩大弹性预算的适用范围，从而提高预算的弹性。比如，我们可以观察市场上该种产品的销售情况，分别编制出先进水平、中等水平和保守水平三套弹性预算表；也可以根据企业的内部情况，分别编制出亏损、不盈不亏和盈利三种财务结果的弹性预算表。这样一来，可以使财务和销售等部门的管理人员根据市场环境的变化，选择出合适的预算方案，以组织财务和销售活动。

三、零基预算的编制方法

零基预算是指在编制预算时，对于所有的预算支出均以零为基底，不考虑历史情况，也不受过去情况的影响，完全根据未来一定期间生产经营活动可能发生的需要情况，以费用—效益分析为基础来编制的预算。

【主要特点】

零基预算针对传统预算的缺点进行改革，它要求对各个业务项目需要多少人力、物力和财力逐个进行估算，并说明其经济效果，在此基础上，按项目的轻重缓急性质，分配预算经费。这种预算不以历史为基础，而是以"零"为出发点，故称"零基预算"。

【适用范围】

零基预算主要适用于企业技术改造项目、部门管理费用等方面的预算。在预算这类项目时，可以撇开历史或其他方面的约束，从零开始预算，以便在新时期节约更多的费用。

【编制程序】

第一步：确定费用数额。企业内部各有关部门，根据企业的总体目标，详细提出各项业务所需要的开支或费用。

第二步：划分费用层次。为了使预算编制的合理，预算编制小组要对各部门提出的预算方案进行成本效益分析。用对比的方法，权衡每项工作的轻重缓急，按所需经费的多少分成等级，排列顺序。

第三步：分配经济资源。按照上一步骤所确定的层次与顺序，结合预算期内可动用的资金来进行分配。分配资源是整个预算编制中重要的环节，要保证重点预算项目的资金需要，又要使预算期内各生产经营活动得到均衡、协调发展。

【应用举例】

C公司一季度各部门提出来的经费预算，经预算小组审核并进行了排列，结果如表3–3所示。如果C公司第一季度的预算资金只有2 295 900元，试根据所给资料编制零基预算。

表 3-3 单位：元

申请经费的项目 （按轻重缓急排序）	一车间	二车间	机修车间	质检科	合计
（1）生产经费	450 000	375 000	675 000	225 000	1 725 000
（2）本期技改项目经费	75 000	90 000	150 000	75 000	390 000
（3）以后技改项目经费	75 000	60 000	75 000	—	210 000
（4）实施战略规划的经费	150 000	45 000	—	75 000	270 000
（5）其他经费	15 000	7 500	7 500	4 500	34 500
合计	765 000	577 500	907 500	379 500	2 629 500

第一步，分析汇集的财务信息资料：

由于资源有限，在预算资金的安排上不能突破 2 295 900 元，那么，就要按照轻重缓急来安排预算。经过公司经费预算小组研究，预算资金分配大致如下：

1. 生产经费必须 100% 保证；
2. 本期技改项目经费满足 90%；
3. 以后技改项目满足 50%；
4. 实施战略规划的经费满足 40%；
5. 其他经费满足 20%。

第二步，根据上述比例进行计算。计算结果为：

生产经费 = 1 725 000 × 100% = 1 725 000（元）
本期技改项目经费 = 390 000 × 90% = 351 000（元）
以后技改项目经费 = 210 000 × 50% = 105 000（元）
实施战略规划的经费 = 270 000 × 40% = 108 000（元）
其他 = 34 500 × 20% = 6 900（元）
合计 = 2 295 900（元）

【方法评价】

优点：（1）不仅能压缩经费开支，而且能切实做到将有限的经费用在最需要的地方；（2）不受过去老框框的制约，能够充分发挥各级管理人员的积极性和创造性，促使各级预算部门精打细算。零基预算不仅是财务监督的手段，而且是对各部门的业务活动进行监督的好办法。它不只是一种预算方法，更是一种计划方法。

缺点：由于一切支出均以零为起点进行分析、研究，因而编制预算的工作量较大，而且对各费用项目的成本效益的计算缺乏依据，也比较粗略，花费的时间和代价较高。

名词解释

非营利组织：是指不以营利为目的的单位和组织，主要是行政和事业单位。它们的工作对象主要是个人或者公众事务。非营利组织包括艺术、慈善、教育、政治、宗教、学术、环保等领域。

四、滚动预算的编制方法

滚动预算也称"连续预算"，它是在基期预算的基础上，每过一个季度（或月份），立即在期末增列下一个季度（或月份）的预算，从而使预算永远保持 4 个季度（12 个月）的预算。

【主要特点】

滚动预算的基本特点是在预算表上，列示的预算期是连续不断的，始终保持一定期限（一般是一年）。凡预算执行过 1 个月后，即根据前 1 个月的经营成果，并结合执行中发生的新情况，对剩余的 11 个月加以修订，并自动后续 1 个月，重新编制新的 12 个月的预算。这样逐期向后滚动，连续不断地以预算的形式规划未来的经营活动。这种预算要求一年中头几个月的预算要详细完整，后几个月可以粗略一些，随着时间的推移，原来较粗的预算逐渐由粗变细，后面随之又补充新的较粗的预算，如此往复，不断滚动。

【适用范围】

滚动预算主要适用于企业的销售预算、材料采购等连续性较强的预算。通过滚动预算，可以对未来特定时间内（一般是以 1 年为一个时期）的预算情况一览无遗，便于财务提早安排资金，也方便物资部门提早安排采购等业务。

【编制程序】

滚动预算编制的程序如图 3-1 所示。

【方法评价】

优点：滚动预算可以保持预算的连续性和完整性，使有关人员了解未来 12 个月内总体规划与近期目标，便于随时修订预算，确保企业经营管理工作秩序的稳定性，充分发挥预算的指导与控制作用。从这个意义上看，编制预算已不再是每年末才开展的工作了，而是与日常管理密切结合的一项措施，也是一个实用性较强的预算编制办法。它的好处是使财务预算紧紧贴住业务实际，随着业务量的变动而随时调整预算。

缺点：由于要经常调整预算，所以使预算编制成为常态性工作，会使财务管理的业务量稍微增多。

提示： 从以上所介绍的内容中可以看出，无论是采用哪种预算方法，都是建立在掌握大量信息的基础上进行的。这些信息，不仅包括财务的也包括生产、销售、物资、人力等方面，可以说包括与企业生产经营活动相关的任何资源。所以，财务预算其实就是一个处理经济信息、分配经济资源的过程。

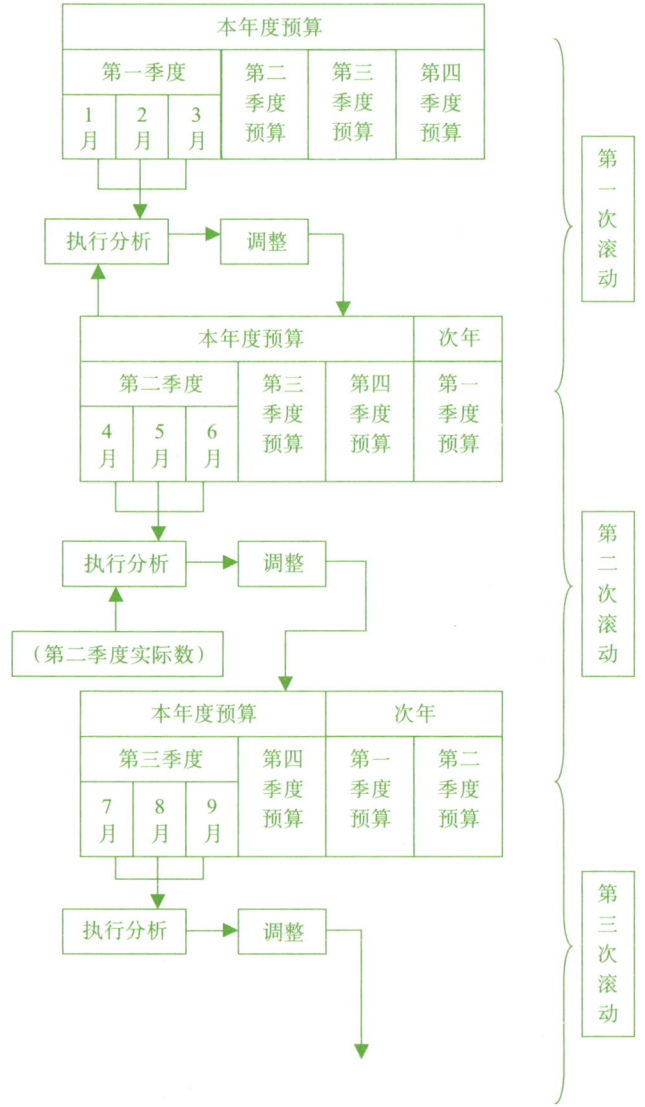

图 3-1 滚动预算编制程序

第三节 全面预算的编制

全面预算,通常也叫"财务总预算",它是由若干个相互关联的预算组成的一个完整的预算体系,主要包括销售预算、生产预算、直接材料费用预算、直接人工费用预算、制造费用预算、产品生产成本预算、期间费用预算、现金收支预算和预计资产负债表及预计损益表等。

对中小企业来说,全面预算是实用性很强的预算形式。由于所预算的内容包括了销售、生产、供应的全过程,又包含了产品生产经营中要花费的所有主要项目,所以,通过编制全面预算就可以将企业未来一定时间内的财务情况作一个全面的预测,明确未来的财务目标。

一、销售预算的编制

销售预算就是关于预算期内产品销售收入及其现金收入的目标计划。它是编制其他预算的基础。

编制销售预算的主要依据是企业预算期的销售量目标和销售价格。

【应用举例】

C公司本年度计划生产和销售A产品,经过市场预测,80%的销售货款会于当季度收到,其余20%会在下季度收到。上年末的应收账款余额为2万元,预计在本年度的第一季度收到现金,销售环节的税金支出为10%。根据以上资料,编制该公司的本年度销售预算(见表3-4)。

企业如何编制全面预算

表3-4　　　　　　　　　C公司××年度销售预算表

××年1月

项　目		第一季度	第二季度	第三季度	第四季度	全年合计
预计销售量(件)		500	600	800	700	2 600
销售单价(元)		400	400	400	400	400
预计销售收入(元)		200 000	240 000	320 000	280 000	1 040 000
预计现金收入	收到本期销售收入(元)	160 000	192 000	256 000	224 000	832 000
	收到上期销售收入(元)	20 000	40 000	48 000	64 000	172 000
	现金收入合计(元)	180 000	232 000	304 000	288 000	1 004 000
以现金支付销售税金(元)		20 000	24 000	32 000	28 000	104 000
销售中现金净流入(元)		160 000	208 000	272 000	260 000	900 000

提示:编制销售预算其实很简单,只要把企业当年的预计销售数量、预计销售价格、赊销政策等资料收集到,再把财务账本上记载的应收账款等数据找到,根据这些信息就可以直接编制。

二、生产预算的编制

生产预算就是关于预算期内产品生产量的目标计划。

生产预算是按"以销定产"的原则来编制的。生产预算由产品生产进度计划和产品存货量（也叫"储备量"）计划构成。在编制时，要平衡好产品销售量、生产量、存货量三者之间的关系。三者之间的关系可用以下公式表示：

$$预计生产量 = 预计销售量 + 预计期末存货量 - 预计期初存货量$$

【应用举例】

C公司计划年度年初A产品存货量为40件，成本16 000元，本年各季度末产成品存货占该季度销售量的10%。该公司新年度生产预算的编制如表3-5所示。

表3-5　　　　　　　　　　C公司××年度生产预算表

××年1月　　　　　　　　　　　　　　　　　　　　　单位：件

摘　要	一季度	二季度	三季度	四季度	全年合计
预计销售量	500	600	800	700	2 600
预计期末存货量	50	60	80	70	70
预计需要量合计	550	660	880	770	2 670
期初存货量	40	50	60	80	40
预计生产量	510（=500+50-40）	610	820	690	2 630

注：表中的"预计需要量合计"是指预计当季销售的数量加上预计的库存数量合计数，以反映以销定产下当季度产品总存货量。

> **知识链接**
>
> 对大型企业来说，由于管理分工较细，销售和生产预算可以由销售和生产部门编制。但对小企业来说，财务科就成为一个综合管理部门，要承担一些如统计、生产和销售预算等份外的工作。所以，小型企业的财务人员要成为"多面手"。

> **名词解释**
>
> **直接材料**：就是经过加工后可以构成产品实体的各种原材料，如服装厂的布料等。
>
> **间接材料**：就是在生产加工过程中，有助于产品形成或便于生产的进行，但不构成产品实体的各种材料。如：燃料、修理用备件等。

三、直接材料预算的编制

直接材料预算就是有关材料耗用量、材料采购量及材料采购支出的财务预算。

直接材料预算是以生产预算为基础编制的。在编制时主要是确定材料采购量。在确定材料采购量时必须要平衡好材料采购量、生产中的材料需要量和材料存货量三者之间的关系。

$$\text{某材料预计采购量} = \text{该材料预计生产需要量} + \text{该材料预计期末存货量} - \text{该材料预计期初存货量}$$

【应用举例】

假定 C 公司新年度生产的 A 产品只需用甲材料，单位 A 产品甲材料消耗定额为 20 千克，每千克单价 6 元；年初甲材料库存量为 2 000 千克，计划年内各季末甲材料库存按本季度生产需要量的 10% 储备；年初应付上年购料款余额为 6 000 元，预计新年度各季度材料采购款于当季度支付 70%，下季度支付 30%。C 公司新年度编制的直接材料预算如表 3-6 所示。

表 3-6　　　　　　　　C 公司 ×× 年度直接材料预算表

×× 年 1 月

摘　要		一季度	二季度	三季度	四季度	全年合计
预计生产量（件）		510	610	820	690	2 630
单位产品材料消耗定额（千克）		20	20	20	20	20
预计材料生产需要量（千克）		10 200	12 200	16 400	13 800	52 600
预计材料期末库存量（千克）		1 020	1 220	1 640	1 380	1 380
预计材料需要量合计（千克）		11 220	13 420	18 040	15 180	53 980
预计材料期初库存量（千克）		2 000	1 020	1 220	1 640	2 000
预计材料采购量（千克）		9 220	12 400	16 820	13 540	51 980
单位材料价格（元/千克）		6	6	6	6	6
预计材料采购金额（元）		55 320	74 400	100 920	81 240	311 880
预计现金支出	支付本期采购材料款（元）	38 724	52 080	70 644	56 868	218 316
	支付上期采购材料款（元）	6 000	16 596	22 320	30 276	75 192
本期现金支出合计（元）		44 724	68 676	92 964	87 144	293 508
需在下期支付的本期货款（元）		16 596	22 320	30 276	24 372	24 372

知识链接：

要单独编制直接材料预算，是因为在产品的成本中，直接材料费用一般要占到 60% 以上，耗用的资金量大，所以要单独编制费用预算，以保证直接材料的供应，以免造成停工待料的情况发生。

四、直接人工预算

直接人工预算是有关劳动量和人工成本的财务预算。

直接人工预算根据生产预算中的预算生产量以及单位产品所需的直接人工小时数和小时工资等资料进行编制。

【应用举例】

C 公司新年度生产单位 A 产品所需直接

> **名词解释**
>
> **直接人工费**：是指付给直接从事产品生产（也可以称为基本生产）的生产工人的工资、奖金、津贴及提取的职工福利费。
>
> **间接人工费**：是指车间管理人员等的工资、奖金、津贴及提取的职工福利费。

人工工时为10小时，每小时平均工资额（含福利费）为8元，工资均在当季以现金支付。该公司计划年度的直接人工预算编制如表3-7所示。

表3-7　　　　　　　　　C公司××年度直接人工预算表

××年1月

摘　要	一季度	二季度	三季度	四季度	全年合计
预计生产量（件）	510	610	820	690	2 630
单位产品工时定额（小时）	10	10	10	10	10
直接人工小时总数（小时）	5 100	6 100	8 200	6 900	26 300
单位工时的工资额（元）	8	8	8	8	8
预计直接人工成本总额（元）	40 800	48 800	65 600	55 200	210 400

名词解释

制造费用：是指企业生产车间为制造产品和提供劳务而发生的各项间接费用，包括工资和福利费、折旧费、修理费、办公费、机物料消耗、劳动保护费等。

管理费用：是与制造费用相关的费用，是指企业行政管理部门为管理和组织经营活动而发生的各项费用，包括公司经费、工会经费、职工教育经费、劳动保险费、待业保险费、董事会费、咨询费、审计费、诉讼费、排污费、绿化费、税金、土地使用费、土地损失补偿费、技术转让费、技术开发费、无形资产摊销、开办费摊销、业务招待费、坏账损失、存货盘亏、毁损和报废（减盘盈）损失，以及其他管理费用等。

五、制造费用预算

制造费用预算是间接生产成本的财务预算。

【编制步骤】

在编制制造费用预算时，需要将制造费用按照成本习性划分为固定费用与变动费用两部分，然后按以下步骤编制预算：

1. 预估出全年产品生产中各项固定性费用总额以及需要支付的现金数额。

2. 将预估出的固定性费用分配到各季中（可以平均分配）。

3. 预估全年产品生产中各项变动性费用总额及需支付的现金数额。

4. 根据产品生产预计工时，计算变动性费用分配率并据此将变动性费用分配到各季中。

【应用举例】

C公司财务及有关人员经预测分析，计划年公司的制造费用均需当期付现（不含折旧），其他资料如表3-8所示。根据有关资料编制制造费用预算，见表3-9。

表3-8　　　　　　　C公司固定性费用和变动性费用预估

固定性费用	金　额	变动性费用	金　额
人工费	30 000	间接人工费	60 000
维修费	20 000	间接材料费	40 000
折旧费	60 000	水电费	50 000
材料费	40 000	材料处理费	40 000
水电费	20 000	搬运清理费	30 000
其他	10 000	其他	16 700
合计	180 000	合计	236 700

表 3-9   C 公司制造费用预算表

××年1月   单位：元

项　　目	分配率（元/小时）	一季度	二季度	三季度	四季度	全年合计
直接人工小时总数（小时）		5 100	6 100	8 200	6 900	26 300
固定性费用：						
人工费		7 500	7 500	7 500	7 500	30 000
维修费		5 000	5 000	5 000	5 000	20 000
折旧费		15 000	15 000	15 000	15 000	60 000
材料费		10 000	10 000	10 000	10 000	40 000
水电费		5 000	5 000	5 000	5 000	20 000
其　他		2 500	2 500	2 500	2 500	10 000
合　计	6.8441	45 000	45 000	45 000	45 000	180 000
变动性费用：						
间接人工费	2.2814	11 635	13 917	18 707	15 741	60 000
间接材料费	1.5209	7 757	9 277	12 471	10 495	40 000
水电费	1.9011	9 696	11 597	15 589	13 118	50 000
材料处理费	1.5209	7 757	9 277	12 471	10 495	40 000
搬运清理费	1.1407	5 818	6 958	9 354	7 870	30 000
其　他	0.635	3 239	3 874	5 207	4 380	16 700
合　计	9	45 902	54 900	73 799	62 099	236 700
制造费用总计		90 902	99 900	118 799	107 099	416 700
减：折旧费		15 000	15 000	15 000	15 000	60 000
预计现金支出额		75 902	84 900	103 799	92 099	356 700

注：固定费用分配率 = 180 000 ÷ 26 300 = 6.8441（元/小时）

　　变动费用分配率 = 各项变动费用 ÷ 直接人工小时总数

如：间接人工费分配率 2.2814 = 60 000 ÷ 26 300

【小窍门】 看上去制造费用涉及的费用项目比较杂，实际上可以把它们编成"顺口溜"，以便于记忆：

预算莫怕碰费用，先分固定和变动。

固定费用花样碎，工、修、折、电、材料费。

变动费用五大类，工、料、水、电、清理费。

六、产品生产成本预算

产品生产成本预算就是编制的产品单位成本和总成本的财务预算。

在编制产品成本预算时，一般要附上期末产成品存货成本预算。

【应用举例】

根据前述 C 公司计划年度的有关预算资料，编制该公司的产品生产成本预算，如表 3-10 所示。

表 3-10　　　　　　　　　　C 公司××年度产品生产成本预算

××年 1 月

成本项目	单位价格 ①	单位产品分配标准 ②	单位成本（元）③=①×②	生产总成本（产量 2 630 件）④=2 630×③	销货总成本（销货 2 600 件）⑤
直接材料	6 元/千克	20 千克/件	120	315 600	
直接人工	8 元/工时	10 工时	80	210 400	
变动性制造费用	9 元/工时	10 工时	90	236 700	
固定性制造费用	6.8441 元/工时	10 工时	68.414	180 000	
产品成本总计（元）			358	942 700	932 480*
期末产品存货预算	期末产品存货数量（件）				70
	单位产品生产成本（元）				358
	期末产品存货成本（元）				25 060

* 系按先进先出法计算：16 000 + 2 560 × 358 = 932 480（元）。16 000 元为期初结存 40 件产成品的成本。

提示：企业界有句至理名言是"利在于本"，意思是说，企业利润获得的关键在于成本控制。成本决定利润，只有降低成本，才能实现利润目标。通过编制生产成本预算，可以作为日常成本费用控制的依据，这对企业至关重要。

七、期间费用预算

期间费用预算是对企业各管理部门的营业费用、管理费用和财务费用所编制的财务预算。

在财务管理上，期间费用不计入产品成本，直接计入当期损益。在预算中，这部分费用通常是以上年的实际数来推测预算年度的可能发生数。由于该费用与产品生产过程无直接关系，不受产品生产量变动的直接影响，所以，各季度的分配数额可以采用平均分摊的办法。

【应用举例】

承前例，C 公司财务及有关人员经分析预测，计划年度全公司的期间费用均需当期付现（不含折旧），期间费用预算的编制如表 3-11 所示。

期间费用预算编制完成后，就可以将它作为各管理部门当年费用的控制依据。

八、现金预算

现金预算是对预算期内企业的现金收入、现金支出、现金余缺及不足部分的筹集所编制的财务预算。

现金预算是一项重要的预算，它主要以货币的形态综合反映前面各项预算的主要内容，概括反映企业在整个预算期内现金收支的可能情况及现金筹集的来源渠道与运用去向的可能情况。通过编制现金预算，可以预测预算期内企业现金来源能否满足生产经营需要，能否保持企业的现金支付能力，预防企业财务危机的发生。

表 3-11　　　　　　　　　　C公司××年度期间费用预算

××年1月　　　　　　　　　　　　　　　　　　　　　　　　　　　单位：元

	费用项目	年度预算金额	各季平均额
销售费用	销售人员工资	3 000	750
	广告费	4 000	1 000
	运输费	6 000	1 500
	代理佣金	2 000	500
	办公费	1 000	250
	其他	3 000	750
	合计	19 000	4 750
管理费用	公司经费	8 000	2 000
	工会经费	10 000	2 500
	折旧费	4 000	1 000
	审计费	800	200
	劳动保险费	3 000	750
	其他	200	50
	合计	26 000	6 500
财务费用	利息净支出	400	100
	汇兑净损失	600	150
	其他	500	125
	合计	1 500	375
期间费用合计		46 500	11 625
扣除固定资产折旧费		4 000	1 000
预计现金支出		42 500	10 625

> **知识链接**
>
> 由于现金是最便捷的支付手段，可以用来购买任何物资，所以，在企业的资金管理中有一句话叫"现金是金"。意思是说，现金像金子一样宝贵。在日常的工作中，财务管理人员手中一定要有足够的现金储备，才能保证生产经营的正常进行，否则会引起资金断流，甚至会出现"一分钱难倒英雄汉"的尴尬局面。

现金预算的内容主要包括现金收入、现金支出、现金余额和现金调剂（现金筹措与运用）等四个组成部分。

现金不足，反映企业资金状况不乐观；而过多的现金剩余，也意味着资金没有得到很好的运用。因此，应对短缺的现金作出相应筹资安排计划，对过多的剩余现金则要作出运用安排计划。

【应用举例】

假设C公司预算年度期初货币资金余额

> **名词解释**
>
> **最佳货币资金持有量**：是指通过一定方法计算出的在占用成本最低的状况下企业应持有的货币资金数量。通过确定最佳货币资金持有量来达到既能节约资金占用，又不影响现金使用的合理数额。

为26万元，预算期内最佳货币资金持有量为8万元。经预测：在预算期内因其他收入而发生的现金流入，每季平均为12万元，相应的成本现金流出为4万元；每季需预缴所得税7 000元；每季以现金支付的资本性支出平均为3万元；5月份以现金支付上年股利12万元。结合前述有关预算资料，该公司预算年度现金预算编制如表3-12所示。

表3-12　　　　　　　　　C公司××年度现金收支预算

××年1月　　　　　　　　　　　　　　　　　　　　　　　　单位：元

现　　金	一季度	二季度	三季度	四季度	全　年
期初现金余额	260 000	80 949	90 748	82 760	260 000
现金收入					
销售收入	180 000	232 000	304 000	288 000	1 040 000
其他收入合计	120 000	120 000	120 000	120 000	480 000
可用现金合计①	560 000	432 949	514 748	490 760	1 744 000
现金支出：					
直接材料采购支出	44 724	68 676	92 964	87 144	293 508
支付直接人工	40 800	48 800	65 600	55 200	210 400
支付制造费用	75 902	84 900	103 799	92 099	356 700
支付销售费用	4 750	4 750	4 750	4 750	19 000
支付管理费用（不含折旧）	5 500	5 500	5 500	5 500	22 000
支付财务费用	375	375	375	375	1 500
其他收入的成本	40 000	40 000	40 000	40 000	160 000
支付营业税金及附加	20 000	24 000	32 000	28 000	104 000
支付所得税费用	7 000	7 000	7 000	7 000	28 000
支付股利		120 000			120 000
资本性现金支出	30 000	30 000	30 000	30 000	120 000
现金支出合计②	269 051	434 001	381 988	350 068	1 435 108
现金节余（不足）③＝①－②	290 949	－1 052	132 760	140 692	308 892
现金筹措与运用④					
流动资金借款					
发行公司债券					
出售有价证券		90 000		120 000	210 000
归还流动资金借款				180 000	180 000
支付利息		－1 800		－9 600	－11 400
购入有价证券	210 000		50 000		260 000
期末现金余额⑤＝③±④	80 949	90 748	82 760	90 292	90 292

注：1. 假设有价证券的年利率为8%。
　　2. 各季度期初现金余额是由上季度期末现金余额转入。如第二季度期初现金余额80 949元，即是第一季度期末现金余额转入数。

九、预计财务报表

在前面八项预算编制完成后，接下来就要编制预计财务报表。预计财务报表是全面预算编制中用以反映预算年度要实现的财务经营成果和总体财务状况的预算。

提示：当企业投资人或管理层要了解企业下一步财务总体状况，或者企业需要向银行融资时，就需要企业财务人员提供预计财务报表。所以，编制预计财务报表是企业财务人员经常性的工作。

预计财务报表主要包括预计利润表和预计资产负债表。

（一）预计利润表

预计利润表是关于预算年度要实现利润的预算。在编制完成前面八项预算的基础上，就可根据其中的有关资料编制预计利润表。

【应用举例】

根据前述 C 公司的各项资料，C 公司预算年度预计利润表的编制如表 3-13 所示。

表 3-13　　　　　　　　　　C 公司 ×× 年度预计利润表

×× 年 1 月　　　　　　　　　　　　　　　　　　单位：元

项　　　目	金　　额	数据来源说明
营业收入	1 520 000	表 3-4、表 3-12
减：营业成本	1 092 480	表 3-10、表 3-12
营业税金及附加	104 000	表 3-4
管理费用	26 000	表 3-11
销售费用	19 000	表 3-11
财务费用	1 500	表 3-11
营业利润	277 020	
利润总额	277 020	
减：所得税费用（税率 25%）	69 255	
净利润	207 765	

（二）预计资产负债表

预计资产负债表是关于预算年度资产、负债、所有者权益等要素的财务预算。

编制预计资产负债表，年初数为上年实际数，年末数则根据以上各项预算指标分析填列。

【应用举例】

根据前述 C 公司的各项资料，C 公司预算年度预计资产负债表如表 3-14 所示。

表 3-14　　　　　　　　　　C 公司 ×× 年度预计资产负债表

×× 年 1 月　　　　　　　　　　　　　　　　　　单位：元

项　　　目	年初数	年末数	年末数来源说明
资产：			
库存现金	260 000	90 292	表 3-12 四季度末
应收账款	20 000	56 000	
交易性金融资产	155 000	205 000	表 3-12 中的年初＋本期购入－本期出售
原材料	12 000	8 280	表 2-6 四季度末库存量乘单价
库存商品	16 000	25 060	表 3-10
固定资产	1 980 000	1 980 000	
减：累计折旧	450 000	514 000	年初加表 3-12 中的资本支出
在建工程	600 000	600 000	
无形资产	180 000	300 000	年初加表 3-12 中的资本性支出
资产总计	2 973 000	2 950 632	

续表

项目	年初数	年末数	年末数来源说明
负债：			
短期借款	180 000	195 495	*
应付账款	150 000	24 372	表3-6 四季度采购额的30%
应付股利	120 000	124 659	计划年度计划分配股利占净利润的60%
长期应付款	180 000	180 000	
所有者权益：			
实收资本	1 863 000	1 863 000	
资本公积	160 000	160 000	
留存收益	320 000	403 106	
权益合计	2 973 000	2 950 632	

＊在计划年度所需资产总额、所有者权益总额和其他负债确定的条件下，估计所需的短期借款。根据企业财务管理需要，也可以将其设为某项长期负债或列为追加投入资本项目等。

思考与练习

一、思考题

1. 通过比较财务预算方法，看每种方法各有什么特点。
2. 什么是全面预算？都具体包括哪些预算？

二、技能训练

【要求】 练习滚动预算的编制方法。

C公司本年第一季度ABC产品生产成本情况如表3-16所示，由于第一季度有500件产品未完成，要求在第二季度调整完成第一季度产量，且由于通货膨胀因素影响，预计第二季度甲、乙材料单位产品耗用定额比第一季度上升5%，其他资料不变。请根据表3-15中所给资料编制C公司本年第二季度ABC产品生产成本滚动预算。

表3-15　　　　C公司2007年第二季度ABC产品生产成本滚动预算　　　　单位：元

项目			第一季度预算			第二季度预算		第三季度预算	第四季度预算	全年预算合计
			原预算	实际完成	差异	原预算	调整后预算			
产品产量（件）			9 500	9 000	-500	8 500		10 000	10 000	38 000
变动性制造费用	单位产品	甲材料	20	21	1	20				
		乙材料	5	5.2	0.2	5				
		工资费	5	5	0	5				
		其他	2	2	0	2				
		小计	32	33.2	1.2	32				
	总额		304 000	298 800	5 200	272 000				
固定性制造费用			20 000	20 000	0	20 000				
生产成本合计			324 000	318 800	-5 200	292 000				

【提示】
(1) 可以参照第一季度的滚动预算中各项目之间的关系，来预算第二季度数。
(2) 将确定的数据直接填入表3-16中。

表3-16　　　　　　　　C公司本年第三季度ABC产品生产成本滚动预算　　　　　　单位：元

项目			第一季度预算		第二季度预算		第三季度预算		第四季度预算		全年预算合计
			原预算	实际完成	原预算	实际完成	原预算	调整后预算	原预算	调整后预算	
产品产量（件）			9 500	9 000	9 000	10 000					38 000
变动性制造费用	单位产品	甲材料	20	21	21	21.5					
		乙材料	5	5.20	5.25	5.25					
		工资费	5	5	5	5					
		其他	2	2	2	2					
		小计	32	33.20	33.25	33.75					
	总额		304 000	298 800	299 250	337 500					
固定性制造费用			20 000	20 000	20 000	20 000					
生产成本合计			324 000	318 800	319 250	357 500					

假设第二季度由于产品供不应求，产品产量实际完成1万件，要求在第三季度和第四季度平均调整第二季度产量，且由于通货膨胀因素影响，预计第三季度甲、乙材料单位产品耗用定额、工资费比第二季度上升5%，其他资料不变。请根据上述资料编制C公司本年第三季度ABC产品生产成本滚动预算。

第四章
资金时间价值

【本章导引】 今天的1 000元和10年后的1 000元,你会选择哪一个呢?人们通常会选择今天的1 000元,今天得到1 000元就有一个用这笔钱去投资并从中获得收益的机会。这便是资金时间价值观念。在财务管理中,货币时间价值观念具有重要的意义。资金时间价值原理揭示了不同时点上资本之间的换算关系,是财务决策的基本依据。

【学习目标】 树立资金时间价值观念,理解复利现值与终值的概念与联系,掌握年金现值与终值的概念与计算方法。

【学习重点】 复利终值与现值、年金终值与现值的计算与运用。

第一节 复利终值与现值

一、资金时间价值的概念

资金时间价值又称货币时间价值,是指货币经历一定时间的投资和再投资后所增加的价值,也就是说现在的100元与一年后的100元是不相等的。

资金时间价值的计量有绝对数和相对数两种形式。由于绝对数的计算结果在不同货币规模下不可比,因此资金时间价值的衡量大多采用相对数形式。货币在经过一段时间(如一年)后其价值的增长幅度究竟有多大?根据马克思主义的观点,资金时间价值是没有风险和通货膨胀状态下的社会平均资本报酬率。这是因为,在完全竞争市场经济条件下,资本是完全流动的,这使得各类资本家的投资报酬率达到完全相同,银行资本家也得到产业资本家一样的报酬(不考虑风险和通货膨胀)。现实生活中,由于风险和通货膨胀不可能完全不存在,因此资金时间价值近似地等于短期国库券的利息率。

提示：资金时间价值对财务管理有重要影响。它使人们在进行投资、筹资等各种决策时，充分考虑资金时间价值因素，将各个不同时间段的现金流量进行对比，发现各种财务活动对企业价值的影响，从而寻求最优决策。

二、资金时间价值的计算

（一）时间轴

时间轴如图 4-1 所示。

图 4-1 时间轴

1. 以 0 为起点（表示现在）；
2. 时间轴上的每一个点代表该期的期末及下期的期初。

（二）一次性收付款项终值与现值的计算

由于企业财务活动中收付款的特征不同，因此资金时间价值的计算比较复杂，我们首先讨论一次性收付款的资金时间价值计算。

一次性收付款项是指在某一特定时点上一次性支出或收入，经过一段时间后再一次性收回或支出的款项。例如，现在存入银行一笔现金 1 000 元，5 年后一次性取出本利和。资金时间价值的计算，涉及两个重要的概念，即终值和现值。终值又称将来值，是指现在一定量资金在未来某一时点上的价值，亦称本利和。现值又称本金，是指未来某一时点上的一定量资金折合到现在的价值。由于终值和现值的计算同利息的计算方法有关，而利息的计算又有复利和单利两种，因此终值与现值的计算也有复利和单利之分。在财务管理中，一般按复利计算。

1. 单利终值与现值的计算。单利方式下，每期都按原始本金计算利息，当期利息即使不取出也不计入下期本金，计息基础不变，即只是本金计算利息，所生利息均不加入本金计算利息。通常用 P 表示现值，F 表示终值，i 表示利率，n 表示计息的期数。无特殊说明，给出的利率均为年利率。

单利终值的计算公式：$F = P + P \cdot i \cdot n = P \cdot (1 + i \cdot n)$

单利现值的计算公式：$P = F/(1 + n \cdot i)$

【例 4-1】 张先生存入银行 15 万元，若银行存款利率为 5%，求 5 年后的本利和是多少？（采用单利计息）

解：$F = P + P \cdot i \cdot n$
$= P \cdot (1 + i \cdot n)$
$= 150\,000 + 150\,000 \times 5\% \times 5$
$= 150\,000 \times (1 + 5\% \times 5)$
$= 187\,500 \text{（元）}$

【例 4-2】 某人存入银行一笔钱，希望 5 年后得到 20 万元，如果银行存款的年利率为 5%，要求计算此人现在需存入银行多少元？

解：P = F/(1 + n·i) = 200 000/(1 + 5% × 5) = 160 000（元）

2. 复利终值与现值的计算。复利方式下，以当期末本利和为计息基础计算下期利息，即不仅本金要计算利息，利息也要计算利息的一种计息方法。

（1）复利终值的计算。复利终值是指一定量的本金按复利计算的若干年后的本利和。

设现有一笔资金，共计金额为 P，存期为 n 年，年利率为 i，则 n 年后的终值 F 为：

第 1 年年末的本利和为：$P(1+i)$

第 2 年年末的本利和为：$P(1+i) + P·(1+i)·i = P(1+i)^2$

第 3 年年末的本利和为：$P(1+i)^2 + P(1+i)^2·i = P(1+i)^3$

……

第 n 年年末的本利和为：$P(1+i)^n$

因此，复利终值的计算公式为：$F = P(1+i)^n$

式中，$(1+i)^n$ 称为复利终值系数，用符号（F/P, i, n）表示，它是计算复利终值的主要参数，其数值可查阅 1 元复利终值系数表（见附表一）。上述复利终值的计算公式也可写作：

$F = P(F/P, i, n)$

【例 4-3】 假设龙兴公司现有资金 340.3 万元，假设利率为 8%，5 年后按复利计算的终值是多少万元？

解：根据题意，已知 P = 340.3 万元，i = 8%，n = 5 年，求 F 值。

使用时间轴计算复利终值，如图 4-2 所示。

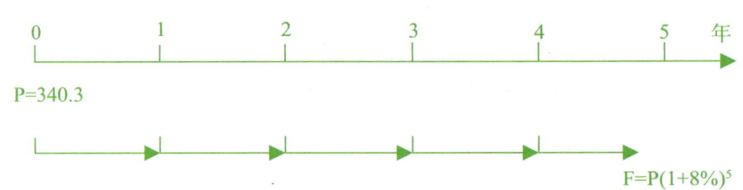

图 4-2 利用时间轴计算复利终值

$F = P(1+i)^n = 340.3 × (1+8\%)^5 = 340.3 × 1.469 = 500$（万元）

即现有 340.3 万元，按 8% 复利计息，5 年后将获得的本利和为 500 万元

上式中（F/P, 8%, 5）表示利率为 8%，期限为 5 年的复利终值系数。在复利终值系数表上，我们可以从横行中找到利率 8%，纵列中找到期数 5，纵横相交处，可查到（F/P, 8%, 5） = 1.469。该系数表明，在年利率为 8% 的条件下，现在的 1 元相当于 5 年后的 1.469 元。

> **趣味阅读**
>
> ### 隐含复利的"72 法则"
>
> "72 法则"隐含的是一个复利的概念。投入一笔钱后，每一期的本金和利息会成为下一期投资的本金，如此累计下去，就会有一个本金翻倍的时间。只要将 72 除以投资回报率，就是资产翻一倍所需要的时间。换句话说，要想资产在 10 年内翻一番，就是 72÷10 = 7.2，也就是要达到 7.2% 的投资回报率才可能实现。

（2）复利现值的计算。所谓复利现值是指将来某一特定时间取得或支出一定的资金，按复利折算到现在的价值。

由复利终值的计算公式可推出复利现值的计算公式为：
$$P = F/(1+i)^n = F[1/(1+i)^n] = F(1+i)^{-n}$$

式中，$(1+i)^{-n}$ 称为复利现值系数，用符号（P/F，i，n）表示，它是计算复利现值的主要参数，其数值可查阅1元复利现值系数表（见附表二）。上述复利现值的计算公式也可写作：

复利的威力

$$P = F(P/F, i, n)$$

【例4-4】 假设龙兴公司计划5年后进行设备更新，需要资金500万元，如果银行的年利息率为8％，现在应存入银行多少元？

解：根据题意，已知F=500万元；n=5年；i=8％，求P值。

$P = F(1+i)^{-n} = 500 \times (1+8\%)^{-5} = 500 \times 0.6806 = 340.3$（万元）

即现在存入银行340.3万元，按8％计算利息，5年后的本利和恰好是500万元，企业更新设备的资金会有保障。

上式中的（P/F，8％，5）表示利率为8％，期限为5年的复利现值系数。同样，我们在复利现值系数表上，从横行中找到利率8％，纵列中找到期限5，纵横相交处，可查到（P/F，8％，5）=0.6806。该系数表明，在年利率为8％的条件下，5年后的1元相当于现在的0.6806元。

通过以上对于一次性支付款项复利计息的终值和现值分析，可以证明：复利终值和复利现值互为逆运算。

> **知识链接**
>
> **复利计息频数**
>
> 复利计息频数是指利息在一年中复利多少次。假设其他条件相同，则复利次数越多，终值越大；折现次数越多，现值越小。

第二节　年金终值与现值

一、年金的概念与特点

在日常经济生活中，我们经常会遇到有企业或个人在一段时期内定期支付或收取一定量资金的现象。比如，租房户每月要支付大致相同的每月租金。我们把这种定期等额的系列收付款项叫做年金。年金具有连续性和等额性的特点。连续性要求在一定时期内间隔相等时间就要发生一次收付业务，中间不得中断，等额性要求每期收付款项的金额必须相等。

年金根据每次收付款项发生的时点不同，可分为普通年金、预付年金、递延年金和永续年金四种。

二、年金终值和现值的计算

(一) 普通年金终值和现值的计算

普通年金又称后付年金，是指从第一期开始，在一定时期内每期期末发生的等额系列收付款项。普通年金的资金时间价值计算有两个方面：普通年金的终值和现值。

1. 普通年金终值的计算。普通年金终值就是每期末收入或支出"等额款项"的复利终值之和。设每期的等额款项为 A，利率为 i，期数为 n，其计算方法如图 4-3 所示。

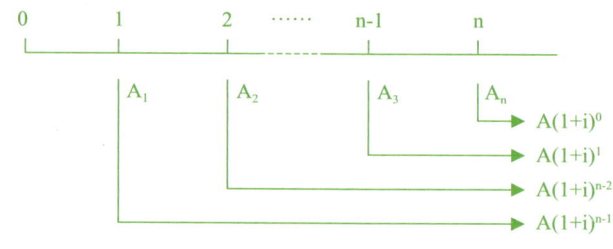

图 4-3

由图 4-3 可知，普通年金终值的计算公式为：

$$F = A(1+i)^0 + A(1+i)^1 + A(1+i)^2 + \cdots + A(1+i)^{n-1} \quad (1)$$

先将（1）式两边同时乘上（1+i）得：

$$(1+i)F = A(1+i)^1 + A(1+i)^2 + A(1+i)^3 + \cdots + A(1+i)^n \quad (2)$$

再将（2）式减（1）式得：

$$(1+i)F - F = A(1+i)^n - A$$

$$F = A[(1+i)^n - 1]/i$$

式中的 $[(1+i)^n - 1]/i$ 是普通年金为 1 元、利率为 i、经过 n 期的年金终值系数，记作 (F/A,i,n)，可查阅"年金终值系数表"。上述年金终值的计算公式也可写作：F = A(F/A, i, n)。

【例 4-5】小王是位热心于公众事业的人，自 2005 年 12 月底开始，他每年都要向一位失学儿童捐款。小王向这位失学儿童每年捐款 1 000 元，帮助这位失学儿童从小学一年级读完九年义务教育。假设每年定期存款利率都是 2%，则小王九年捐款在 2013 年底相当于多少钱？

解：F = A[(1+i)^n - 1]/i
  = 1 000 × [(1+2%)^9 - 1]/2% = 9 754.6（元）

或：F = 1 000 × (F/A,2%,9) = 1 000 × 9.7546 = 9 754.6（元）

2. 普通年金现值的计算。普通年金现值是指一定时期内每期期末收付款项的复利现值之和。其计算方法如图 4-4 所示。

由图 4-4 可知，普通年金现值的计算公式为：

$$P = A(1+i)^{-1} + A(1+i)^{-2} + A(1+i)^{-3} + \cdots + A(1+i)^{-n} \quad (3)$$

先将（3）式两边同时乘上（1+i）得：

古老的故事，
复利的秘密！

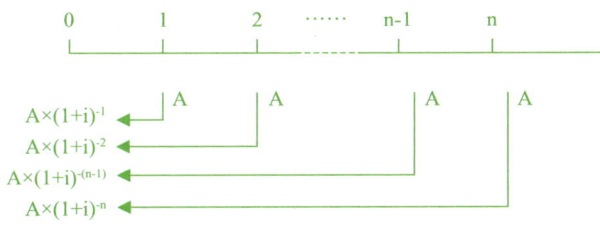

图 4-4

$$(1+i)P_A = A(1+i)^0 + A(1+i)^{-1} + A(1+i)^{-2} + \cdots + A(1+i)^{-(n-1)} \quad (4)$$

再将（4）式减（3）式得：

$$P \times i = A[1-(1+i)^{-n}]$$
$$P = A[1-(1+i)^{-n}]/i$$

式中$[1-(1+i)^{-n}]/i$是普通年金为1元、利率为i、经过n期的年金现值系数，记作（P/A，i，n），可查阅"年金现值系数表"。上述年金现值的计算公式也可写作：

$$P = A(P/A, i, n)$$

【例4-6】 某投资项目于2015年初动工，设当年投产，从投产之日起每年可得收益40 000元。按年利率6%计算，计算预期10年收益的现值。

解： P = 40 000 × (P/A, 6%, 10)
= 40 000 × 7.3601
= 294 404（元）

（二）预付年金的计算

与普通年金不同，预付年金是指从第一期开始，在一定时期内每期期初发生的等额系列收付款项，也称先付年金或即付年金。预付年金在现实生活中也很多，如租房户每个月在月初支付房租，学生在学期开学支付学费等。

预付年金资金时间价值的计算包括两个方面：终值和现值。

1. 预付年金终值的计算。预付年金终值和普通年金终值的计算思路相似，都是将每次收付款折算到某一时点的复利终值，然后再将这些复利终值求和。但由于预付年金和普通年金的收付款时间不同，因此二者的计算也有所区别。

我们首先将二者的资金收付时间用图4-5表示。

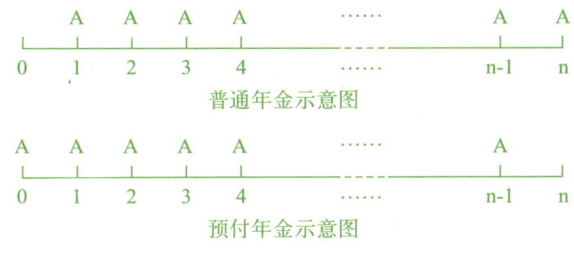

图 4-5

从图4-5中我们可看出，预付年金和普通年金相比，相当于整个现金收付向前提前了一年，因此与普通年金相比，如果计算终值，预付年金的终值要比普通年金终值多计算一期的利息。因此，在 n 期普通年金终值的基础上乘上 (1+i) 就是 n 期预付年金的终值。预付年金的终值计算公式：

$$F = A\left[\frac{(1+i)^{n+1}-1}{i} - 1\right]$$

式中，$\left[\frac{(1+i)^{n+1}-1}{i} - 1\right]$ 称作"预付年金终值系数"，它是在普通年金终值系数的基础上，期数加1，系数减1所得的结果。也可记为 $[(F/A,i,n+1)-1]$。这样，通过查阅1元年金终值系数表可得到 (n+1) 期的普通年金终值系数，然后减1便可得到对应的预付年金终值系数。因此预付年金终值的计算公式也可用下式表示：

$$F = A[(F/A,i,n+1) - 1]$$

【例 4-7】 为给女儿上大学准备资金，公司财务部李经理连续6年于每年年初存入银行 3 000 元。假设银行存款利率为 5%，则李经理在第6年末能一次取出本利和多少钱？

解：$F = A[(F/A,i,n+1) - 1]$
   $= 3\ 000 \times [(F/A,5\%,7) - 1]$
   $= 3\ 000 \times (8.1420 - 1)$
   $= 21\ 426$（元）

或者 $F = A(F/A,i,n)(1+i)$
   $= 3\ 000 \times 6.8019 \times (1+5\%)$
   $= 21\ 426$（元）

2. 预付年金现值的计算。预付年金的现值和普通年金现值的计算思路相似，都是将每期期初的收付款折算到现在的现值，然后再将这些现值求和。但由于预付年金和普通年金的收付款时间不同，n 期预付年金现值比 n 期普通年金现值少折现一期。因此，在 n 期普通年金现值的基础上乘以 (1+i)，便可求出 n 期预付年金现值。预付年金现值的计算公式：

$$P = A\left[\frac{1-(1+i)^{-(n-1)}}{i} + 1\right]$$

式中，$\left[\frac{1-(1+i)^{-(n-1)}}{i} + 1\right]$ 称作"预付年金现值系数"，它是在普通年金现值系数的基础上，期数减1，系数加1所得的结果。也可记为 $[(P/A,i,n-1)+1]$。这样，通过查阅普通1元年金现值系数表可得到 (n+1) 期的普通年金现值系数，然后减1便可得到对应的预付年金现值系数。因此预付年金现值的计算公式也可用下式表示：

$$P = A[(P/A,i,n-1) + 1]$$

【例 4-8】 公司为引进人才采用分期付款方式购入商品房一套，要求每年年初付款 15 000 元，分 10 年付清。假设银行利率为 6%，该项分期付款相当于一次现金支付的购买价是多少？

解：$P = A[(P/A,i,n-1) + 1]$
   $= 15\ 000[(P/A,6\%,10-1) + 1]$
   $= 15\ 000 \times (6.8017 + 1)$
   $= 15\ 000 \times 7.8017 = 117\ 025.5$（元）

预付年金系数与普通年金系数的关系如表 4-1 所示。

表4-1	预付年金系数与普通年金系数的关系
终值系数	（1）期数加1，系数减1 （2）预付年金终值系数 = 普通年金终值系数 × （1 + i）
现值系数	（1）期数减1，系数加1 （2）预付年金现值系数 = 普通年金现值系数 × （1 + i）

（三）递延年金的计算

递延年金是指第一次收付款发生的时间不是从第一期开始，而是隔若干期（设为 m 期，m≥1）后才开始发生的等额系列收付款项，如图4-6所示。它是普通年金的特殊形式。

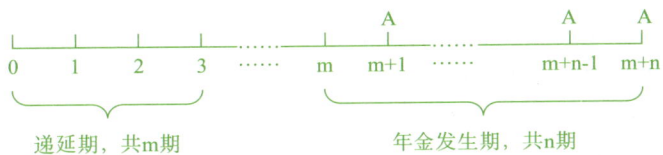

图4-6 递延年金

1. 递延年金的终值。图4-6清晰地显示，递延年金在终值计算上与递延期无关，没有特殊性，可以按照普通年金计算终值。即：F = A(F/A,i,n)

【例4-9】 某企业于2015年年初投资一项目，估计从第五年开始至第十年，每年年末可获得收益10万元，假定年利率为5%，请计算该项目到第十年年末可得到多少收益？

解：F = 10 × (F/A, 5%, 6)
= 10 × 6.8019
= 68.019（万元）

2. 递延年金的现值。递延年金在现值计算上，因为递延期的存在，与普通年金现值的计算有所不同。递延年金现值可以用如下两种方法来计算：

方法一："二阶段计算"方式。所谓"二阶段计算"方式是指先把递延年金视为 n 期普通年金，求出递延期末的现值，然后再将此现值调整到第一期期初。即：

$$P = A(P/A,i,n)(P/F,i,m)$$

方法二："扣除计算"方式。所谓"扣除计算"方式是指假设递延期内也发生年金，即变成一个 (m+n) 期的普通年金，求出 (m+n) 的普通年金现值，然后扣除虚构的递延期内 m 期的年金现值，即可求得递延年金现值。即：

$$P = A[(P/A,i,m+n) - (P/A,i,m)]$$

【例4-10】 假设龙兴公司向银行借入一笔资金，银行规定前3年不用还款，从第4年起每年年末向银行偿还本息20 000元，直到第8年末止。如果银行的贷款利率为12%，那么该笔贷款的现值为多少？

解：根据题意，已知 A = 20 000，i = 12%，n = 5年，m = 3年，求递延年金现值P。

从图4-5中可以看出，前3期没有发生支付。

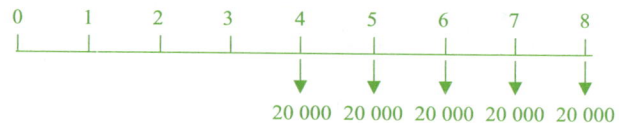

图4-7 递延年金现值示意图

按方法一计算：

$P = A \cdot (P/A, i, n)(P/F, i, m)$
$= 20\ 000 \times (P/A, 12\%, 5) \times (P/F, 12\%, 3)$
$= 20\ 000 \times 3.604\ 8 \times 0.711\ 8$
$= 51\ 318$（元）

按方法二计算：

$P = A \cdot [(P/A, i, m+n) - (P/A, i, m)]$
$= 20\ 000 \times [(P/A, 12\%, 3+5) - (P/A, 12\%, 3)]$
$= 20\ 000 \times (4.967\ 6 - 2.401\ 8)$
$= 51\ 316$（元）

（四）永续年金的计算

永续年金是指无限期等额收付的年金，也称永久年金。可视为普通年金的特殊形式，即期限趋于无穷的普通年金。由于永续年金持续期无限，没有终止的时间，因此没有终值，只有现值。通过普通年金现值公式可知永续年金现值的计算公式为：

$$P = A \cdot \frac{1 - (1+i)^{-n}}{i}$$

当 $n \to +\infty$ 时，$(1+i)^{-n} \to 0$，故：$P = A/i$

【例4-11】 假设龙兴公司拟建立一项永久性的基金作为某市职业学校优秀学生的奖学金，每年计划奖励总额为5万元。奖学金的基金保存在民生银行该市支行，银行一年的定期存款利率为2%。该公司现在应提存多少钱作为奖励基金？

解： 根据永续年金的现值计算公式，可得：

$P = A/i = 50\ 000 \div 2\% = 2\ 500\ 000$（元）

通过计算可知，该公司现在要存入250万元作为基金，才能保证这一奖学金计划的成功运行。

提示： 解决资金时间价值基本计算的参考步骤：

（1）仔细查阅任务资料。

（2）画一条时间轴将现金流的箭头标示在时间轴上，明确时点、期数和数值。

（3）判断要计算的是现值还是终值。

（4）判断是属于一次性收付还是年金形式。

（5）综合利用计算公式，查询系数表或运用EXCEL求解。

拿破仑送
玫瑰花的代价

思考与练习

一、思考题

1. 复利终值系数与复利现值系数之间存在何种关系？
2. 预付年金系数与普通年金系数之间存在何种关系？
3. 计算递延年金终值时为什么与"递延期"无关？

二、社会实践

龙兴公司拟在省外某市购置一处房产用作驻外营销机构办公用房，房主提出两种付款方案：

（1）从现在起，每年年初支付20万元，连续付10次，共200万元。

（2）从第5年开始，每年年初支付25万元，连续支付10次，共250万元。

假设该公司的资本成本率为10%，请你为该公司参谋一下，应选择哪个方案？

第五章
筹资管理

【本章导引】 资金是企业的"血液",是企业设立、生存和发展的物质基础,是企业开展生产经营业务活动的基本前提。俗话说"巧妇难为无米之炊",其实,同做饭需要米一样,企业生产经营活动离不开资金。就像目前流行的那句话:"钱不是万能的,但没有钱是万万不能的。"那么,在市场中,企业从哪些渠道可以筹到钱,以什么方式筹集钱,应该筹集多少等问题,就是企业财务管理人员首先要理清的问题。

【学习目标】 了解企业筹资的主要方式,明确筹资的基本原则,掌握资本成本的计算和综合资本成本比较法。

【学习重点】 资本成本的概念与计算。

第一节 筹资管理概述

一、企业筹资的概念

企业筹资,是指企业根据其生产经营、对外投资及调整资本结构等活动对资金的需要,通过一定的筹资渠道和适当的筹资方式获得所需资金的一种行为。企业为了满足自身的资金需要,必须正确选择筹资方式,以较低的资本成本筹集生产经营活动所需要的资金,保障企业生产经营活动的正常运行和扩大再生产的需要。

二、企业筹资的分类

企业筹资可以按不同的标准进行分类。

1. 按企业所取得资金的权益特性不同，企业筹资分为股权筹资、债务筹资及衍生工具筹资三类，这也是企业筹资方式最常见的分类方法。
2. 按其是否以金融机构为媒介，企业筹资分为直接筹资和间接筹资两种类型。
3. 按资金的来源不同，企业筹资分为内部筹资和外部筹资两种类型。
4. 按所筹集资金的使用期限不同，企业筹资分为长期筹资和短期筹资两种类型。

三、企业筹资管理的目标

企业筹资管理的目标取决于筹资管理的具体内容并应服从企业财务管理的总目标。企业筹资管理的具体目标就是在满足生产经营需要的情况下，以较低的筹资成本和较小的筹资风险，获取较多的资金。

四、企业筹资的基本原则

企业筹资受到筹资渠道、方式、数量、时机、结构和风险等因素影响。因此，企业筹资应遵循以下基本原则：

1. 规模适当原则。企业应根据生产经营的需要，同时考虑企业筹资的制约因素，合理确定筹资总规模，以需定筹。
2. 筹措及时原则。企业筹集资金应根据资金投放使用时间来合理安排，使筹资和用资在时间上相衔接。
3. 来源合理原则。企业应认真研究资金来源渠道和资金市场，合理选择资金筹集的渠道，降低资金筹集的成本，提高企业的收益。
4. 方式经济原则。企业筹资应选择合适的筹资方式及资本结构，应注意自有资金和借入资金、长期资金和短期资金要有合适比例，减少财务风险，优化资本结构。

五、资金需要量的预测

资金需求量预测的常用方法是销售百分比法，它是用资产负债表某些敏感项目的金额与销售额之间的比率预测资本需要量的方法。敏感项目是指资产负债表中预计随销售变动而变动的项目，包括货币资金、存货、应收账款、预付账款、应收票据、应付账款、应付票据、预付账款等。非流动资产、短期借款、非流动负债、实收资本（股本）、资本公积等项目，一般不随着销售的增加而增加，将其称为非敏感项目。

销售百分比法预测资金需求量常用的是增量预测法，即利用资产、负债和所有者权益的变化额之间的平衡关系来预测资金的需求量。销售百分比法预测资金需求量的计算公式为：

需要追加的外部筹资额＝敏感性资产的增加额－敏感性负债的增加额－预计留存收益的增加额－折旧增加额＋非敏感资产的增加额

敏感性资产的增加额＝预计销售增长额×基期敏感性资产占销售额的比重

敏感性负债的增加额＝预计销售增长额×基期敏感性负债占销售额的比重

预计留存收益的增加额＝预计的净利润×（1－预计股利支付率）

【例 5－1】 A 公司因扩大生产经营规模需要进行筹资，现已知公司敏感性资产占销售收入的比重为 60%，敏感性负债占销售收入的比重为 15%。公司本年销售收入为 1 000 万元，预计下一年销售收入增长率为 20%，销售净利率为 8%，需支付现金股利 50 万元。另外,公司预计长期投资将增长 80 万元,长期投资不与销售收入成比例增长,为非敏感性资产。公司年折旧额为 20 万元。试运用销售百分比法的增量预测法预测 A 公司对外需筹集多少资金才能满足预计销售增长的需要。

解:根据销售百分比法,公司外部筹资需求量如下:

$$AFN = 1\ 000 \times 20\% \times 60\% - 1\ 000 \times 20\% \times 15\% - (1\ 000 \times 120\% \times 8\% - 50) - 20 + 80$$
$$= 104\ (万元)$$

可见,A 公司需对外筹集 104 万元才能满足销售增长的需要。

第二节 筹资方式

一、股权筹资

企业所能采用的筹资方式,一方面受法律环境和融资市场的制约,另一方面也受企业性质的制约。中小企业和非公司制企业的筹资方式比较受限;股份有限公司和有限责任公司的筹资方式相对多样。股权筹资形成企业的股权资金,也称之为"权益资本",是企业最基本的筹资方式。股权筹资又包含吸收直接投资、发行股票和利用留存收益三种主要形式。

(一) 吸收直接投资筹资

1. 吸收直接投资的概念与种类。吸收直接投资是非股份制企业通过吸收国家、其他法人单位、个人等直接投入资金筹集自有资金的一种筹资方式。出资者是企业的所有者,对企业具有经营决策权,并按出资额的比例分享利润,分担损失。

吸收直接投资可以采用多种形式,从出资者的出资形式看,主要有吸收现金投资和吸收非现金投资两种类型。

(1) 吸收现金投资。企业吸收现金投资时,要依据法律和企业章程、合同、协议的规定,将不同币种的现金换算成注册资本的确认币种,并以实际到位的现金额作为实际吸收的现金出资额。

(2) 吸收非现金投资。吸收非现金投资又可分为两类:一是吸收实物资产投资;二是吸收无形资产投资。

2. 吸收直接投资的筹资特点。(1) 有利于增强企业信誉;(2) 有利于尽快形成生产能力;(3) 筹资成本较高;(4) 不易进行产权交易。

(二) 发行股票筹资

1. 股票的概念和种类。股票是指股份有限公司为筹集权益资本而发行的有价证券,代表了股东对股份有限公司的所有权。

(1) 按股东享受权利和承担义务的大小为标准,可把股票分成普通股和优先股。

(2) 按照股票票面有无记名为标准，可把股票分成记名股与无记名股票。

(3) 按照股票票面有无金额为标准，可把股票分为有面值股票和无面值股票。

2. 股票的发行方式。

(1) 公开发行，是指通过中介机构，公开向社会公众发行股票。我国股份有限公司采用募集设立方式向社会公开发行新股时，须由证券经营机构承销的做法，就属于股票的公开发行。这种发行方式的发行范围广、发行对象多，易于足额募集资本；股票的变现性强，流通性好；股票的公开发行还有助于提高发行公司的知名度和扩大其影响力。但这种发行方式也有不足，主要是手续复杂严格，发行成本高。

(2) 非公开发行，是指不公开对外发行股票，只向少数特定的对象直接发行，因而不需经中介机构承销。这种发行方式弹性较大，发行成本低；但发行范围小，股票变现性差。

3. 股票的发行价格。股票发行定价有多种方法，较常见的是市盈率定价法。股票发行价格计算公式如下：

$$每股价格 = 每股收益 \times 市盈率$$

$$每股收益 = 净利润 \div 股票的加权平均股数$$

4. 普通股筹资的优缺点。

优点：(1) 没有固定的股利负担。公司盈余较多时，可给股东派发股利；盈余较少时，可少付或不付股利。(2) 筹资风险小。由于普通股没有固定的到期日，没有固定的股利负担，不存在偿付的风险。(3) 能增强公司的社会声誉，促进股权流通和转让。(4) 筹资限制少。与优先股或债券筹资比，普通股筹资的限制较小。

缺点：(1) 资本成本较高。一般来说，普通股筹资的成本要大于债务资本成本。主要是因为股利要从净利中支付，而债务利息在所得税前扣除。(2) 容易分散公司的控制权。发行新的股票，增加新的股东，会导致公司的控制权分散。(3) 信息沟通与披露成本较大。

5. 优先股筹资。优先股是股份公司发行的具有一定优先权的股票。它既具有普通股的某些特征，又与债券有相似之处。

优先股筹资的优缺点：

优点：(1) 没有固定到期日，不用偿还本金。(2) 股利支付既固定，又具有一定的弹性。(3) 有利于增强公司信誉。

缺点：(1) 筹资成本高。优先股股利要从净利中支付，而债务利息在所得税前扣除，故筹资成本比债务资本成本高。(2) 筹资限制多。(3) 财务负担重。

（三）留存收益筹资

1. 留存收益筹资的渠道。留存收益来源于企业在生产经营活动中所实现的净利润。企业的净利润应按法律规定或公司需要提取一定的盈余公积金，并将一定比例的净利润作为股利支付给投资者，剩下的为未分配利润。这些盈余公积和未分配利润正是留存收益筹资的两大渠道。

2. 留存收益的筹资特点。利用留存收益的筹资特点有：(1) 资本成本较普通股低。(2) 保持普通股东的控制权。(3) 增强公司的信誉。留存收益筹资能够使企业保持较大的可支配的现金流，既可解决企业经营发展的需要，又能提高企业举债的能力。(4) 筹资的数额有限制。

二、债务筹资

负债是企业所承担的能以货币计量、需以资产或劳务偿付的债务。企业通过负债筹集资金的方式主要有银行借款、发行债券、商业信用、融资租赁。企业负债筹集的资金称为借入资金。

（一）银行借款

银行借款是指企业根据借款合同向银行或非银行金融机构借入的需要还本付息的款项，又称为银行借款筹资。包括偿还期限超过 1 年的长期借款和不足 1 年的短期借款。

1. 银行借款的程序如图 5-1 所示。

图 5-1　企业取得银行借款流程图

2. 长期借款的保护性条款。保护性条款一般有以下三类：

（1）例行性保护条款。这类条款作为例行常规，在大多数借款合同中都会出现。主要包括定期向提供贷款的金融机构提交公司财务报表、及时清偿债务、不准以资产做其他承诺的担保或抵押等。

（2）一般性保护条款。一般性保护条款是对企业资产的流动性及偿债能力等方面的要求条款，这类条款应用于大多数借款合同。

（3）特殊性保护条款。这类条款是针对某些特殊情况而出现在部分借款合同中的条款，只有在特殊情况下才能生效。主要包括：要求公司的主要领导人购买人身保险；借款的用途不得改变；违约惩罚条款，等等。

上述各项条款结合使用，将有利于全面保护银行等债权人的权益，但对于借款企业来说则形成了一种不利的约束。

3. 银行借款涉及的信用条件。银行发放贷款时，往往涉及以下信用条件：

（1）信贷额度。信贷额度是借款企业与银行在协议中规定的借款最高限额。

（2）周转信贷协定。周转信贷协定是银行从法律上承诺向企业提供不超过某一最高限额的贷款协定。企业享用周转信贷协议，要对贷款限额中的未使用部分付给银行一笔承诺费。

【例 5-2】　某企业与银行商定的周转信贷额度为 1 000 万元，承诺费率为 1%，该企业年度实际借款额为 900 万元，计算该企业应向银行支付的承诺费。

解：应付承诺费 = (1 000 - 900) × 1%
　　　　　　　 = 1（万元）

（3）补偿性余额。补偿性余额是银行要求借款企业在银行中保留一定数额的存款余额，一般为借款额的 10%~20%，其目的是降低银行贷款风险，但对借款企业来说，却加重了利息负担。

补偿性余额实际借款利率 = 名义利率 ÷ (1 - 补偿性余额比率)

【例 5-3】　某企业按年利率 9% 向银行借款 1 000 万元，银行要求保留 10% 的补偿性余额，计算企业实际借款利率。

解： 企业实际借款利率 = 9% ÷ (1 - 10%) = 10%

(4) 借款抵押。借款抵押是指企业以抵押品作担保向银行取得一定借款的信用条件。通常抵押品是借款企业的应收账款、存货、股票、债券以及房屋等。银行发放贷款的数额一般为抵押品的30%~50%，这一比例的高低取决于抵押品的变现能力和银行的风险偏好。一般抵押借款的资本成本高于非抵押借款。

4. 银行借款的优缺点。

银行借款的优点：(1) 筹资速度快；(2) 筹资成本低。与发行债券相比，银行借款利率较低，且不需支付发行费用；(3) 借款弹性大。

银行借款的缺点：(1) 财务风险较大。企业经营不利时，可能产生不能偿付的风险。(2) 限制条款较多。如定期报送有关报表、不准改变借款用途等。(3) 筹资数额有限。

(二) 发行企业债券筹资

1. 企业债券的概念与种类。企业债券是企业为筹集债务资本而发行的，约定在一定期限内还本付息的一种有价证券。企业债券代表着债券发行企业与债券持有者之间的一种债权债务关系。

债券按发行主体不同，可分为政府债券、金融债券和企业债券；债券按有无抵押担保，可分为信用债券、抵押债券和担保债券；债券按是否记名，可分为记名债券和无记名债券；债券按利率不同，可分为固定利率债券和浮动利率债券；债券按偿还期限不同，可分为短期债券和长期债券；债券按是否标明利息率，可分为有息债券和贴现债券；债券按是否可转换成普通股，可分为可转换债券和不可转换债券。

2. 企业债券的发行价格。企业债券的发行价格是指投资者购买企业债券时所支付的价格。债券的发行价格通常有三种：平价、溢价和折价。平价是指以债券的票面金额（面值）为发行价格；溢价指以高于债券票面金额的价格为发行价格；折价指以低于债券票面金额的价格为发行价格。溢价可理解为债券发行企业因为日后要多支付利息（票面利率高于市场利率）而预先得到的补偿；折价可理解为债券发行企业因为日后可少支付利息（票面利率低于市场利率）而预先付出的代价。

提示： 债券发行价格一般采用贴现现金流量模型予以确定，债券发行价格等于未来现金流量的现值，包括未来要支付的利息的现值和要偿还本金（票面金额）的现值。

债券的发行价格计算公式为：

$$债券发行价格\ P = \frac{票面金额}{(1+市场利率)^n} + \sum_{t=1}^{n}\frac{票面金额 \times 票面利率}{(1+市场利率)^t}$$

其中，n 为债券期限；t 为付息期数。

按上列公式确定的债券发行价格由两部分构成：一部分是债券到期归还本金按市场利率折现以后的现值；另一部分是债券各期利息的现值。

【例5-4】 翔宇股份有限公司是一家大型家电生产公司。公司当前的总资产为60 000万元。净资产为40 000万元。公司未曾发行债券。最近三年的效益都一直居于行业前列。由于公司当前正处于高速成长期，很多新项目需要开发和投产，急需大量资金，故拟面向社会公众募集资金。如果公司能发行10年期债券，每年年末付息一次，到期还本。债券的票面金额为1 000元，票面利率为10%。当市场利率分别为8%、10%、15%时，债券发行应如何定价呢？

解：债券的发行定价要视具体情况而定：

（1）若每年年末付息一次，市场利率为8%，则：

发行价格 = 1 000 × (P/F,8%,10) + 1 000 × 10% × (P/A,8%,10) = 1 134（元）

（2）若每年年末付息一次，市场利率为10%，则：

发行价格 = 1 000 × (P/F,10%,10) + 1 000 × 10% × (P/A,10%,10) = 1 000（元）

（3）若每年年末付息一次，市场利率为15%，则：

发行价格 = 1 000 × (P/F,15%,10) + 1 000 × 10% × (P/A,15%,10) = 749（元）

3. 企业债券筹资的优缺点。

企业发行债券筹资具有以下优点：

（1）资本成本较低。债券筹资的成本较股票筹资的成本要低。这主要是因为债券的发行费用较低，而且利息在税前支付，可以抵税。

（2）能获得财务杠杆利益。企业负债经营，债券利率是固定不变的，当资产净利率提高时，债券利息不会增加，而所有者的利润会有更大的提高。债务对所有者收益的这种影响称为财务杠杆。

财务杠杆

（3）可以保障股东的控制权。债券持有人无权参与企业的经营管理决策，所以不会分散股东对公司的控制权。

（4）便于调整资本结构。股票一旦发行，很少会回购；但债券在到期后，可采用其他筹资方式筹资，来调整资本结构。

企业发行债券筹资的缺点是：

（1）债券筹资风险高。债券按期支付利息、偿还本金，否则可能被债权人申请破产。相对股票而言，债券筹资风险较大。

（2）限制条件多。债券筹资比股票筹资、租赁筹资限制条件要多。

（三）商业信用筹资

商业信用，是指在商品交易中由于延期付款或预收货款所形成的企业间的借贷关系。商业信用产生于商品交易之中，是一种自发性筹资方式。商业信用的具体筹资方式有应付账款、应付票据、预收账款等。

1. 商业信用条件。商业信用条件是指债权人对付款期限、现金折扣及其折扣期限所做的规定。其中付款期限是指债务人使用商业信用资金的最长期限；现金折扣是指债务人在折扣期限内付款可享受的价格优惠；折扣期限是指可享受现金折扣的付款时间。如信用条件为"1/10，N/30"，表示10天内付款可享受1%的现金折扣，最长付款期限为30天。

2. 现金折扣的成本。若买方在规定的折扣期内付款，便可享受免费信用，此时应付账款的信用成本为0。若买方放弃现金折扣，在折扣期后付款，则应付账款有信用成本。其计算公式如下：

$$放弃现金折扣的成本 = \frac{现金折扣百分比}{1 - 现金折扣百分比} \times \frac{360}{信用期 - 折扣期}$$

公式表明，放弃现金折扣的成本与折扣百分比的大小、折扣期的长短同方向变化，与信用期的长短反方向变化。

【例 5-5】 龙兴公司向泰宇公司购入一批原材料,价款总数为 200 万元,付款约定为 (2/10,n/30),计算放弃现金折扣的成本。

解:放弃现金折扣的成本 $= \dfrac{2\%}{1-2\%} \times \dfrac{360}{30-10} = 36.73\%$

假定银行贷款利率为 10%,则龙兴公司不应该放弃现金折扣,宁可向银行借款在第 10 天付款 196 万元,享有现金折扣。因为借款 20 天的利息为 1.08 万元(196×10%×20/360),花 1.08 万元省下 4 万元是划算的。

3. 商业信用筹资决策。企业缺乏资金需要筹资时,放弃现金折扣的成本低于银行借款成本,则应放弃折扣,即采用商业信用筹资;放弃现金折扣的成本高于银行借款成本,则不应放弃折扣,从银行借入资金,在折扣期内付款,享受折扣,即采用银行信用筹资。

企业享受展期信用,可以降低放弃现金折扣的成本,但是可能会影响企业的信誉,因此,需要在二者之间作出权衡。

4. 商业信用筹资的优缺点。

优点:商业信用筹资是一种自发性筹资,无需额外办理筹资手续,而且限制条件少,若无现金折扣条件,或有现金折扣但不放弃现金折扣,或是无息票据,则无商业信用成本。

展期信用

缺点:筹资数量有限,使用时间有限,在提供现金折扣条件的情况下,放弃现金折扣的成本往往很高。

(四) 融资租赁筹资

1. 融资租赁的概念。融资租赁又称财务租赁,它是承租人为融通资金而向出租人租用资产的一种长期租赁。由于它满足企业对资产的长期需要,故有时也称为"资本租赁"。融资租赁是现代租赁的主要形式。

2. 融资租赁的形式。融资租赁有以下三种形式:

(1) 直接租赁。直接租赁是指承租人直接向出租人租入所需要的资产,并付出租金。直接租赁是融资租赁的典型形式。

(2) 售后回租。售后回租是指承租人先把其拥有主权的资产出售给出租人,然后再将该项资产租回使用,并按期向出租人支付租金,资产售价大致为时价。这种租赁方式既使承租人通过出售资产获得一笔资金,满足企业对资金的需要,同时保留了企业对该项资产的使用权,但失去了财产的所有权。

(3) 杠杆租赁。杠杆租赁是由资金出借人为出租人提供部分购买资产的资金,再由出租人购入资产租给承租人的方式。

提示:杠杆租赁涉及出租人、承租人和资金出借人三方当事人。在杠杆租赁方式下,出租人具有资产所有权人、出租人、债务人三重身份,出租人既向承租人收取租金,又向借款人偿还本息,既是出租人,又是债务人,同时拥有对资产的所有权。如果出租人不能按期偿还借款,那么资产的所有权就要转归资金出借人。出租人获得的租赁收益一般大于借款成本支出,其差额就是出租人的杠杆收益,故称为杠杆租赁。

3. 融资租赁租金的计算。

(1) 融资租赁租金的构成:融资租赁租金包括设备价款和租息两部分,其中租息又可分为租赁公司的融资成本、租赁手续费等。

（2）租金的计算方法：一般采用等额年金法。等额年金法下，通常要根据利率和租赁手续费确定一个租费率，作为折现率。

【例5-6】 龙兴公司于本年2月1日向租赁公司租入一套设备，设备原价100万元，租期10年，租赁期满后归企业所有。为保证租赁公司的利益，承租企业与租赁公司商定的折现率为16%，租金每年年末支付一次。要求：计算龙兴公司每年年末应付等额租金的数额。

解： A = 100÷（P/A,16%,10）= 100÷4.833 2 ≈ 20.690 2（万元）

4. 融资租赁的特点。

（1）无需大量资金就能迅速获得资产。融资租赁集"融资"与"融物"于一身，融资租赁使企业在资金短缺的情况下引进设备成为可能。

（2）财务风险小，财务优势明显。融资租赁由于租金在整个租期内分摊，还款时，租金可通过项目本身产生的收益来支付，是一种基于未来的"借鸡生蛋、卖蛋还钱"的筹资方式。

（3）限制条件少。与发行股票、债券、银行借款比，融资租赁的限制条件较少。

（4）租赁能延长资金融通的期限。

（5）资本成本负担较高。一般来说，融资租赁的租金比银行借款或发行债券所负担的利息高很多，因此在企业财务困难时，固定的租金会构成一项较重的财务负担。

> **热词解释**
>
> 众创：通过创业创新服务平台聚集全社会各类创新资源。
>
> 众包：借助互联网等手段，将传统由特定企业和机构完成的任务，向自愿参与的所有企业和个人进行分工。
>
> 众扶：通过政府和公益机构支持、企业帮扶援助、个人互助互扶等多种途径，共助小微企业和创业者成长。
>
> 众筹：通过互联网平台向社会募集资金更灵活高效满足产品开发、企业成长和个人创业的融资需求。

第三节 资本成本

一、资本成本的含义与作用

（一）资本成本的含义及其内容

资本成本，是指企业为筹集和使用资本而付出的代价，包括筹资费用和占用费用。

筹资费用，是指企业在资本筹措过程中为获得资本而付出的代价，如向银行支付的借款手续费，因发行股票、公司债券而支付的发行费等。筹资费用通常在资本筹集时一次性发生，在资本使用过程中不再发生，因此，视为筹资数额的一项扣除。

占用费用，是指企业在资本使用过程中因占用资本而付出的代价，如向银行等债权人支付的利息，向股东支付的股利等。占用费用是因为占用了他人资金而必须支付的，是资本成本的主要内容。

（二）资本成本的表示方法

资本成本可以用绝对数表示，也可以用相对数表示，因为绝对数不利于不同筹资规模的比较，所以在财务管理中一般采用相对数表示。

（三）资本成本的作用

1. 资本成本是比较筹资方式、选择筹资方案的依据。
2. 加权资本成本是衡量资本结构是否合理的依据。
3. 资本成本是评价投资项目可行性的主要标准。资本成本率是企业用以确定项目要求达到的投资报酬率的最低标准。
4. 资本成本是评价企业整体业绩的重要依据。企业的总资产报酬率应高于其平均资本成本率，才能带来剩余收益。

二、个别资本成本的计算

个别资本成本是指单一融资方式的资本成本，包括银行借款资本成本、公司债券资本成本、融资租赁资本成本、普通股资本成本和留存收益成本等，其中前三类是债务资本成本，后两类是权益资本成本。个别资本成本率可用于比较和评价各种筹资方式。

（一）银行借款资本成本

银行借款资本成本是指借款利息和筹资费用。借款利息（资本化利息除外）通常允许在企业所得税前支付，可以起到抵税的作用。因此，企业实际负担的利息＝利息×（1－所得税税率）。

一次还本、分期付息方式借款的资本成本计算公式为：

$$K_l = \frac{I_l(1-T)}{L(1-F_l)} \quad 或 \quad K_l = \frac{R_l(1-T)}{1-F_l}$$

其中，K_l为长期借款资本成本；I_l为长期借款年利息；R_l为长期借款年利率；T为所得税税率；L为长期借款筹资额（借款本金）；F_l为长期借款筹资费用率。

【例5-7】 龙宇公司向民生银行申请一笔银行借款600万元，期限1年，年借款利率8%，公司适用的所得税率为25%，借款手续费忽略不计，请计算该公司银行借款的资本成本。

解： 借款资本成本 = 8% × (1 - 25%) = 6%

（二）债券资本成本

发行债券的成本主要指债券利息和筹资费用。债券利息的处理与长期借款利息的处理相同，应以税后的债务成本为计算依据。债券的筹资费用一般比较高，不可在计算资本成本时省略。债券利息按面值和票面利率来确定。债券的筹资额应按实际发行价格计算，以便正确计算债券的成本。

一次还本、分期付息方式债券成本的计算公式为：

$$K_b = \frac{I_b(1-T)}{B(1-F_b)}$$

其中，K_b 为债券资本成本；I_b 为债券年利息；T 为所得税率；B 为债券筹资总额；F_b 为债券筹资费用率。

提示：若债券溢价或折价发行，为更精确地计算债券成本，应以实际发行价格作为债券筹资额。

【例5-8】 龙宇公司发行一批面值100元，期限3年，票面利率为10%的长期债券。债券票面总金额为2 000万元，发行总价为2 200万元，筹资费用率为2%，企业所得税率为25%，要求计算该长期债券的资本成本。

解：债券资本成本 $= \dfrac{2\,000 \times 10\% \times (1-25\%)}{2\,200 \times (1-2\%)} = 6.96\%$

（三）普通股资本成本

1. 现金流量贴现法。根据普通股票估价公式，普通股票当前的价格等于未来股利的现值之和，贴现率为普通股的资本成本。对于新发行的普通股，发行费用率为F，其资本成本为：

$$K_s = \frac{D_1}{P_o(1-F)} + g$$

其中，K_s 为普通股资本成本；D_1 为第一年股利；g 为股利增长率；P_o 为股票市价；F 为股票发行费用率。

> **知识链接：**
>
> **资本资产定价模型**
>
> 根据资本资产定价模型，普通股东对某种股票S的资本成本 K_s 可表示如下：
>
> $K_s = R_F + \beta(R_m - R_F)$
>
> 其中，R_F 是市场无风险报酬率，一般采用国库券利率；$(R_m - R_F)$ 是对市场平均风险的补偿，β 是某股票相对于市场平均风险的波动倍数。

2. 债务成本加风险报酬法。对于非上市股份有限公司或非股份制企业，以上方法不适用于计算权益资本成本。这时可采用债务成本加风险报酬率的办法。计算公式如下：

$$K_s = K_b + RP_c$$

其中，K_b 为债务成本，RP_c 为股东比债务人承担更大风险所要求的风险溢价。

（四）留存收益资本成本

留存收益是指不作为股利分配而留存在公司使用的那部分税后利润。留存收益可理解为股东将分得的利润再投资于公司。因此，股东自然要求获得与直接投资于普通股股票一样的收益。所以，留存收益的资本成本与普通股的资本成本大体相同，只是计算留存收益的资本成本不必考虑发行费用。留存收益资本成本的计算公式如下：

$$K_r = \frac{D}{P} + G$$

其中，K_r 为留存收益成本；D 为预期年股利额；P 为普通股市价；G 为普通股利年增长率。

在企业各种资金来源中，普通股股东承担的风险最大，要求的报酬也高。因此，普通股和留存收益的成本较高。

【例 5-9】 福兴公司股票市场价格为 25 元，下一期股利预计为 1.75 元，预期未来股利将按 9% 的速率增长，企业债务成本 $K_b = 13\%$，股票的风险报酬率为 4%。

要求：计算该普通股的资本成本。

解：（1）根据折现现金流量法：

$$K_s = \frac{D_1}{P_0} + g = \frac{1.75}{25} + 9\% = 16\%$$

（2）根据债券成本加风险报酬率法：

$$K_s = 13\% + 4\% = 17\%$$

三、加权平均资本成本

加权平均资本成本是以个别资本在企业总资本中所占比重为权数，对各项个别资本成本进行加权平均而得到的总资本成本。其计算公式为：

$$K_w = \sum_{j=1}^{n} W_j \cdot K_j$$

其中：K_w 为加权平均资本成本率；W_j 为第 j 种资金来源占全部资金来源的比重；K_j 为第 j 种资金来源的资本成本率；n 为筹资方式的种类。

提示： 加权平均资本成本的计算，存在着权数的选择问题，即各项个别资本按什么权数来确定资本比重。通常，可供选择的权数价有账面价值、市场价值、目标价值等。

【例 5-10】 龙兴公司本年期末的长期资本账面总额为 1 000 万元，其中：银行长期贷款 400 万元，占 40%；长期债券 150 万元，占 15%；普通股 450 万元，占 45%。长期贷款、长期债券和普通股的个别资本成本分别为：5%、6%、9%。普通股市场价值为 1 600 万元，债务市场价值等于账面价值。该公司的加权平均资本成本为：

按账面价值计算的加权平均资本成本：

$$K_w = 5\% \times 40\% + 6\% \times 15\% + 9\% \times 15\% = 6.95\%$$

按市场价值计算的加权平均资本成本：

$$K_w = \frac{5\% \times 400 + 6\% \times 150 + 9\% \times 1600}{400 + 150 + 1600} = \frac{173}{2150} = 8.05\%$$

第四节　资本结构

资本结构及其管理是企业筹资管理的核心问题。企业应综合考虑有关影响因素，运用适当的方法确定最佳资本结构，提升企业价值。

一、资本结构的涵义及影响因素

（一）资本结构的涵义

资本结构是指企业各种资本的构成比例关系。资本结构有广义和狭义两种理解：广义的资本结构指企业全部资本的构成，即权益资本和债务资本的比例关系；狭义的资本结构仅指权益资本与长期债务资本的比例关系，而将短期债务资本作为营业资金管理。

（二）资本结构的影响因素

在现实中，影响资本结构的因素很多，主要有如下几个方面：

1. 资本成本。一般而言，债务资本的成本低于权益资本的成本。
2. 管理人员对控制权和风险的态度。如果管理人员不愿使公司的控制权稀释，则会尽量采用债务融资。如果管理人员讨厌风险，可能会尽量减少债务资金的比例。
3. 企业所处的发展阶段。如企业处于高速成长期时，留存利润往往不能满足发展需求，需要对外融资。
4. 税收因素。由于利息费用可以减税，而股利则不能减税，因此，企业的所得税率越高，借款举债的好处就越大，企业的负债率可以相对提高。
5. 行业差别。现实中，不同行业的资本结构会有较大差别。因此，在资本结构决策中，应掌握本企业所处行业资本结构的一般水准，以此作为决策的参照。

二、资本结构决策：综合资本成本比较法

采用综合资本成本比较法进行资本结构决策是指计算比较各种筹资方案的综合资本成本，选择使综合资本成本最低的筹资方案。

提示：采用综合资本成本比较法应注意的问题：第一，采用该方法需要预先拟定若干个备选方案，由于所拟定的方案有限，故有可能把最优方案漏掉；第二，综合资本成本比较法只是考虑资本的成本问题，未考虑筹资风险问题。

【例5-11】某公司目前有资金2 000万元，其中，长期借款800万元，年利率10%；普通股1 200万元，每股市价20元，上年每股股利为2元，预计股利增长率为5%。企业所得税税率为25%。试为公司在以下两种筹资方案中选择一种最优方案：

方案一：增加长期借款1 000万元，利率12%，预计普通股每股市价升为25元，每股

股息增加至 3 元,股利增长率为 2%。

方案二:发行普通股 1 000 万元,预计普通股每股市价跌为 18 元,每股股息为 2 元,股利增长率为 4%。

解:(1)若采用方案一:

原借款成本 = 10% × (1 − 25%) = 7.5%

新借款成本 = 12% × (1 − 25%) = 9%

普通股新成本 = 3/25 + 2% = 14%

综合资本成本 = 7.5% × 800/3 000 + 9% × 1 000/3 000 + 14% × 1 200/3 000 = 10.6%

(2)若采用方案二:

原借款成本 = 10% × (1 − 25%) = 7.5%

普通股新成本 = 2/18 + 4% = 15.1%

综合资本成本 = 7.5% × 800/3 000 + 15.1% × 2 200/3 000 = 13.1%

所以,如果不考虑财务风险,选择方案一较优。

知识链接:

资本结构之谜

资本结构理论是关于公司资本结构、公司综合资本成本率与公司价值三者之间关系的理论。它是公司财务理论的核心内容之一,也是资本结构决策的重要理论基础。资本结构理论包括净收益理论、净营业收益理论、MM 理论、代理理论和等级筹资理论等。在现实中,资本结构是否影响企业价值这一问题一直存有争议,故被称为"资本结构之谜"。

思考与练习

一、思考题

1. 企业筹资应遵循哪些基本原则?
2. 如何理解资本成本的含义?
3. 如何理解负债筹资资本成本较低,但债务筹资的财务风险较大?
4. 现实中影响资本结构的因素主要有哪些方面?

二、社会实践

1. 登录中小企业投融资公共服务平台(国家中小企业公共服务平台的一个子平台),了解该平台提供的企业股权融资、产权交易、银行信贷、金融租赁、担保、典当等服务信息。

2. 登录当地中小企业服务平台,了解"商贸贷""小额贷""POS 贷""善融贷""融信保贷"等产品信息。

第六章
投资管理

【本章导引】 在活跃的市场经济面前，时时处处都充满着各种各样的投资机会，如果我们能够抓住这些机会，就有可能创造财富。但也必须看到，投资活动是一把"双刃剑"，一些诱人的投资机会利润大，风险也大。所以，投资是必要的，但也是需要提防和万分小心的事情。本章就是以此为出发点，介绍企业常用的投资理念和投资方法。

【学习目标】 了解投资的常用概念，掌握项目投资和资本市场投资的基本方法。

【学习重点】 项目投资管理办法。

第一节 投资的常用概念

投资就是企业或者个人为了在未来能获取更多的收益或报酬，放弃了眼下其他消费选择，而对某一项目投入财力的经济行为。一般情况下，任何一项投资行为都需要耗用较大的财力，同时会在较长时间内产生影响，所以投资之前，应对与投资相关的概念有所了解。

一、机会成本

在市场经济中，人们所进行的每一项经济活动都是为了获取利益。为了达到获利的目的，人们在市场中要搜集各种投资信息，再对这些信息不断比较、取舍，从中选择出能获得最大利益的项目进行投资。在对各种投资的选择过程中，有得有失。得到的是能获取最大利益的投资；失去的是其他的投资机会。在选择投资时，所放弃的其他投资项目中价值最高的潜在收益，就是投资项目的机会成本。

提示：机会成本不是我们通常意义上的"成本"，它不是一种支出或费用，而是失去的收益，这种收益不是实际发生的，而是潜在的。机会成本总是针对具体方案的，离开被放弃的方案就无从计量确定。

机会成本在决策中的意义在于它有助于全面考虑可能采取的各种方案，以便为既定资源寻求最为有利的使用途径。

在财务管理中，会有很多业务需要运用机会成本这个概念，比如在筹集资金中就会有不同的筹资方式和筹资渠道的选择；在投资中，也会有不同的投资项目的选择；在流动资产的管理中，也有不同的管理方式，会发生不同的管理成本等，这些，都需要运用机会成本的理论分析，并据此提出建议，供决策者选择。

二、沉淀成本

在经济活动中，有一种费用是在过去发生的，且在将来无法或不需要收回的支出，这类支出称为"沉淀成本"。比如，我们所受的教育，是为了提高自身的素质而花费的成本，这类支出，无论是父母付出的还是自己勤工俭学积攒的，都是不需要收回的支出，这就属于沉淀成本。

沉淀成本对财务的影响是：在一项投资决策时，重点考虑的是在目前的状态下，该项目可能带来的收益和项目继续投入的成本，不应该考虑已经过去的沉淀成本，如果预期的利润不足以抵补继续投入的成本，则项目应该立即停止。也就是说，项目投资不要被沉淀成本拖住。例如，美国有一个飞机制造公司，是世界著名的军火企业。多年前，他们试制一种新型喷气式飞机。在进行中，有人提出，由于世界大国紧张局势的改变，这种飞机不会有预期的市场，建议立即停止研制。但是另一些人觉得，已经花了几百万美元，半途而废岂不可惜，应该继续研制。经过反复讨论公司采纳了后一种意见，结果给公司造成了更大的经济损失。

三、风险和收益

风险是指可能发生的危险。风险同经济活动是相伴而生的，任何经济活动都伴有风险。财务管理提到的风险是指同财务有关的危险，一般有投资风险和财务风险等。这些风险还含有对可能发生的经济活动存在着不确定性的涵义。收益则是指经济活动中取得的净收益（或者净利润）。一般情况下，风险和收益是相伴的，一项经济活动，风险大，就意味着未来期望的不确定性越大，其收益的可能性也就越大。但是，在经济生活中，人们都倾向于趋利避害，都期望躲避风险，除非高风险会带来能看得见的稳定高收入。

在实际经济生活中，任何一项投资都会有风险，只是大小之分，没有风险的投资是不存在的。但是，对风险的承受能力，每个人却不一样。

四、投资的多样化

前面提到，任何一项投资都有风险存在，所以财务和其他管理部门应该注意防范和化解风险。其中，投资的多样化就是分散风险的一种方法。所谓投资多样化，就是将财产或投资分散在不同项目或不同地方上，以分散风险的做法。也就是"不把所有的鸡蛋放到一个篮子中"，把风险分散开。

对于企业来说，多样化主要体现在经营多样化上，一些有远见和有经济实力的现代企业，都适当地扩大经营范围，把企业的营业范围扩张到其他不相关的产业上。

对于财务管理来说，多样化主要体现在投资上，即在证券投资时，把资金投放到多种证券上；在其他项目投资时，考虑不同于主业的其他业务领域，把企业的资产分散到不同行业，以达到分散风险，用较低的风险获得较大的收益。

第二节 项目投资

一、项目投资的特点

（一）什么是项目投资

项目投资，也叫资本投资，是以某一个项目为对象所进行的新建、购置或更新改造等长期投资行为。

项目投资按其涉及内容不同，可进一步细分为单纯固定资产投资项目和完整投资项目。

1. 单纯固定资产投资项目是指在投资中只包括为取得固定资产而发生的资本投入的项目，在这样的项目中，不包括建成后生产周转所需要的资金投入，如王强开餐馆时需要购置冰柜等餐厨设备，这些就属于单纯固定资产投资项目。

2. 完整投资项目是指不仅包括固定资产投资，而且还涉及建成后周转用的流动资金投资，甚至包括其他长期资产项目，如无形资产等方面的投资，如王强开餐馆时，还要租赁房屋、招聘厨师和服务员、购买原材料和调料等。这些因素需要综合考虑，这就是完整投资项目。以下所介绍的，主要指单纯固定资产项目的投资。

资本投资如果按照投资对象不同，还可划分为生产性项目投资和长期证券投资两大部分。生产性项目投资主要是购置单项设备的投资行为；长期证券投资是指对超过一年以上的有价证券方面的投资。

（二）项目投资的特点

> 【分辨】
> 在企业的生产经营活动中，像原材料采购、支付工人工资和管理费用等行为，既可以看成是费用支出，也可以把它们当做流动资产的投资行为。

1. 投入的资金量大。企业通过项目投资可以形成长期资产。其中，生产性投资，如购买机器设备、建设厂房等，所耗费的资金数额比较大。

2. 对企业的影响时间长。一般情况下，项目投资的回收期较长，占用在此资产上的资金也具有固定性，在较长时间内会影响企业财务流动性。企业购买长期债券、进行控股性股票投资，也会形成资金的长时间占用，并且项目的收益期也较长。

提示：投资项目，如果有好的成果，就是"摇钱树"，会给企业带来长时期的利益；反之，会成为"要钱树"，带来负面影响，还会让企业长时期不断投入。

3. 投资决策风险大。由于项目投资引起的投资量大，对企业影响时间长，所以必然会伴随较大的风险。例如项目资产投资，一旦投资完成，就无法改变用途，特别是专用设备，如果决策失误，一般情况下无法改做他用，其原始投资额无法收回。

> **警示案例**
> 一个靠近林区的企业，看到当地木材烘干业行情好，就建起了一个木材烘干场。没想到时间不长，政府为了保护森林实行了严格的封林政策，木材来源断绝，烘干场停产。面对着用心血建成的企业停产，老板十分后悔，当初建设时为什么没有事先了解一下国家的林业政策。

二、如何确定项目投资

由于项目投资具有以上的特点，这就要求企业在项目投资上，一定要周密规划，慎重决策，在做好充分论证的基础上再动工，确保技术、经济和社会（含环境）效益三方面都可行。

投资意向是投资的初步设想。投资意向确定以后，接下来就要进入以下环节：

（一）评价项目投资

项目投资评价是指在项目没有确定前，事先进行的论证。主要分为技术评价和财务评价两部分。

1. 技术评价。主要是请相关的技术专家论证项目在技术上是否可行，主要包括生产工艺技术、社会价值及环境保护等方面的可行性。比如开餐馆，就要先看餐馆的地点设在哪里最好，能否请到好厨师，废气、废水和残汤剩饭怎样处理，鼓风机等产生的噪音对周边居民是否有影响等。这些技术方面的评价工作应该请饭店经营方面和工程技术方面的专家来进行。

2. 财务评价。主要看投资项目在经济和财务上的合理性和项目的未来赢利情况。财务评价主要有以下几个步骤：

第一，提出几个投资方案进行对比。为了使投资项目在经济上和技术上最优，对项目的投资应该多考虑几个方案，然后从中选优剔劣。各种方案最好角度不同，能反映各方面意见。比如开餐馆，就要根据当地居民的饮食文化特色以及客流量，在餐馆的规模、装修风格、饭菜品种和服务特色等方面多设计几套方案，然后对比，从中选优。

第二，估算选定方案的现金流，确定这个项目可能的现金流入量。现金流就是指事先预计的项目投产后能够取得的现金收入流量。如开餐馆，就要预计每天会有多少客人，可能带来多少销售收入，其中会有多少记账消费的，现金收入会有多少等等。

第三，计算该项投资有关的价值指标，如净现值、回收期等，提出财务评价结论（这些内容以下会涉及）。

第四，由决策人对技术评价结论和财务评价结论进行汇总评价，形成最后的决策。

（二）估算项目的现金流量

仅仅从总体上评价投资方案还不够，还要进行更细致的工作，其中很重要的一项就是估算现金流量。企业（或个人）只有在现金流量确定后，才能依据现金流的情况确定是否投资。这里所说的现金是大范围的现金，它包括现金、银行存款等货币资金和投资项目实物折价后的变现价值。

估计现金流量时，主要进行以下方面工作：

1. 确定现金流量的构成。在项目决策中，现金流量是指投资项目在整个投资周期内发生的现金流入和流出的数量。主要包括：

> **名词解释**
> **变现价值**：就是假如该投资项目的财产实物变成现金的数额，一般是指在该项目终止时的实物折价和设备报废时的变价收入等。

（1）现金流出量，是指在建造过程中和工程项目竣工投产后发生的现金支出。主要有三方面的现金支出：

一是建设投资中的现金支出，主要有固定资产的购置成本、建造费用、运输成本及安装成本和购买无形资产的支出、初期的开办费等。这些支出是项目投资的主要现金流出。比如开餐馆就要准备好购置冰柜、运货汽车、餐桌椅等设备和其他先期准备所要花费的支出。

二是投产后生产经营中需要垫支的流动资金。这是由于项目投资后，需要正式生产及营业或者生产能力扩大等原因，而引起的流动资金需求量增加所形成的现金流出。比如开餐馆，就要准备出开业后每天采购食材、酒水等的流动性费用。

三是固定成本，又称为付现成本，是指在项目投产后，为满足生产经营需要而发生的各项固定成本费用，如人员工资费、办公费、水电费、卫生费、房屋租赁费用等。

（2）现金流入量，是指项目投产后所引起现金收入的增加数量。主要包括：

一是产品销售收入。是指由于该项目上马或营业后扩大了生产能力，取得销售收入或使销售收入增加的数额。这部分是主要的现金流入，可以按项目经营期内有关产品的预计单价和销售量计算。例如王强的餐馆，就可以根据每天的桌次与每桌的平均消费额的乘积来估算日销售收入，进而推算月、年的销售收入。

二是固定资产变价收入，是指投资项目的固定资产在报废清理或中途出售转让处理时所得的变价收入。

三是回收的流动资金，是指投资项目经营期完全终止时而回收的原垫付的流动资金。

后两笔费用一般是在固定资产报废或企业业务终止时发生的费用。

2. 确定现金净流量。投资项目产生的现金净流量是指一定时间内，经过以上计算得出的现金流入量与现金支出量的差额。其中的一定时期是指一年内或投资项目的整个年限内。现金流入量大于现金流出量的，净流量为正值，反之为负值。可以用公式来表示：

$$现金净流量 = 销售收入 - 付现成本 - 应缴纳的税金$$
$$= 销售收入 - (成本 - 折旧) - 应缴纳的税金$$
$$= 利润 + 折旧 - 应缴纳的税金$$
$$= 净利润 + 折旧$$

名词解释

付现成本：是指经营期间以现金支付的成本。

非付现成本：是指企业在经营期不以现金支付的成本费用。一般包括固定资产折旧、无形资产摊销、开办费的摊销等。

【应用举例】

某企业计划投资购买一台设备，设备价值为35万元，使用寿命5年，直线法计提折旧，期末无残值，使用该设备每年给企业带来销售收入38万元，付现成本15万元，若企业适用的所得税税率为25%。计算该项目年现金净流量。

解：折旧额 =（设备原值 – 残值）/使用年限 = 35/5 = 7（万元）

税前利润 = 38 – 15 – 7 = 16（万元）

所得税 = 16 × 25% = 4（万元）

净利润 = 16 – 4 = 12（万元）

年现金净流量 = 38 – 15 – 4 = 19（万元）

或年现金净流量 = 12 + 7 = 19（万元）

小贴士

项目现金流的特点

1. 现金流量是时间的函数。
2. 评估现金流不能忽视时间价值。
3. 项目现金流是各阶段投资项目实际产生的现金流入量和现金流出量，而不是会计账面上的收入和成本。

（三）项目投资的评价

投资项目的现金流量估算出来后，还不能立刻判断这个项目是否可行，还要采用一定的方法对投资方案进行评价，根据评价的结果再作最终决策。在评价中，如果方案的收益大于成本，则该方案是可取的。如果几个方案的收益都大于成本，则应选择净收益额最大的方案。项目投资的评价方法主要有：

1. 投资回收期法。该方法是投资项目评价中常用的方法，它是根据回收初始投资额需要多长时间来判定该方案是否可行的方法。

对投资人来说，总是希望尽快地收回投资，投资回收期越短，对投资者越有利。根据这个规律，就把投资回收期作为主要评价指标来对待。在使用投资回收期方法下，对有几个投资方案的项目来说，回收期短的那个就是应该首选的项目。

企业或个人在进行投资评价时，首先要先设定一个期望回收期，然后将投资方案的回收期同期望回收期相比较。如果投资方案回收期小于或等于期望回收期，此方案可以采纳；如果大于期望回收期，就以为这个方案与自己的愿望不相符，所以不予采纳。比如投资开餐馆时，假设房屋的租赁期为10年，预计第五年收回投资，那么这个"5年"就是期望回收期。如果同时有几个投资方案可供选择，应该比较各个投资方案的回收期，先取时间短者。投资回收期又有两种计算方法：

（1）静态投资回收期法。就是不考虑资金的时间价值，直接按照收回项目初始投资额所需的时间来判定该方案是否可行的方法。投资回收期的计算，因每年的现金净流量不同而有所不同。

☐ 如果每年的营业现金净流量相等，投资回收期可按下式计算：

$$投资回收期 = \frac{初始投资额}{每年现金净流量}$$

☐ 如果每年的营业现金净流量不相等，则投资回收期的计算需要先计算每年末尚未收回的投资额，然后再计算投资回收期。

【应用举例】

某企业计划兴建一个项目，有关资料如表6－1所示，试分别计算甲、乙两个方案的投资回收期。

表6－1　　　　　　　投资方案现金净流量计算表　　　　　　　　单位：元

项　　目	第0年	第1年	第2年	第3年	第4年	第5年
甲方案						
固定资产投资	－15 000					
营业现金流量		4 200	4 200	4 200	4 200	4 200
现金流量合计	－15 000	4 200	4 200	4 200	4 200	4 200
乙方案						
固定资产投资						
流动资金垫支	－12 000					
营业现金流量	－3 000					2 840
固定资产残值		3 800	3 560	3 320	3 080	2 000
流动资金回收						3 000
现金净流量合计	－15 000	3 800	3 560	3 320	3 080	7 840

解： 甲方案每年的营业现金净流量相等，计算如下：

$$甲方案投资回收期 = \frac{15\ 000}{4\ 200} = 3.57（年）$$

乙方案每年的营业现金净流量不相等，需要先计算各年尚未收回的投资额，然后再计算投资回收期，见表6－2。

表6－2　　　　　　　　　　　　　　　　　　　　　　　　　　单位：元

年　　度	每年现金净流量	累计现金净流量	年末尚未收回的投资额
1	3 800	3 800	11 200
2	3 560	7 360	7 640
3	3 320	10 680	4 320
4	3 080	13 760	1 240
5	7 840	21 600	—

$$乙方案投资回收期 = 4 + \frac{15\ 000 - 13\ 760}{7\ 840} = 4.16（年）$$

从上述计算结果可以看出,甲方案的静态投资回收期短于乙方案,在同等条件下应首先考虑甲方案。

静态投资回收期法的优点是易于计算和理解。主要缺点在于:①没有考虑资金时间价值;②只考虑了回收期内的营业现金净流量,没有考虑回收期满后的营业现金净流量。所以,它还有一定的局限性。

(2)动态投资回收期法。是指按计划投产的产品的行业基准收益率或设定的折现率,以折现的营业现金净流量作为计算基础,来计算收回初始投资额所需时间的方法。

【应用举例】

根据表6-1和表6-2的有关数据,计算以上介绍的甲、乙方案的动态投资回收期。

解:两方案的初始投资额均为1.5万元,列表计算如表6-3所示。

各投资方案的动态投资回收期计算如下:

甲方案动态投资回收期 $= 4 + \dfrac{15\,000 - 13\,310}{2\,608} = 4.65$ (年)

乙方案动态投资回收期 $= 4 + \dfrac{15\,000 - 10\,992}{4\,869} = 4.82$ (年)

表6-3　　　　　　　　　　　　　　　　　　　　　　　　　　　　　　　　　　单位:元

方案	年序	现金净流量	复利现值系数	折现的现金净流量	累计折现的现金净流量	年末尚未收回的投资额
甲方案	1	4 200	0.909	3 818	3 818	11 182
	2	4 200	0.826	3 469	7 287	7 713
	3	4 200	0.751	3 154	10 441	4 559
	4	4 200	0.683	2 869	13 310	1 690
	5	4 200	0.621	2 608	15 918	—
乙方案	1	3 800	0.909	3 454	3 454	11 546
	2	3 560	0.826	2 941	6 395	8 605
	3	3 320	0.751	2 493	8 888	6 112
	4	3 080	0.683	2 104	10 992	4 008
	5	7 840	0.621	4 869	15 861	—

从上述计算可知,甲方案的动态投资回收期短于乙方案,如果没有其他因素,可以选用甲方案。表中所提到的"复利现值系数"可以在复利现值系数表中直接查到(见附录)。

> **名词解释**
>
> **折现率**:折现率是指将未来的预期收益折算成现值的比率。

投资回收期法的优点一目了然,容易计算,也容易理解。这种方法突出了评价项目的主要方面——回收期。因为任何投资项目能越快收回投资就越好。任何投资如果不能在一定时间内收回,那就是一项失败的投资项目。特别是对于那些高新技术投资项目、高风险行业或对技术设备更新换代要求快的行业,投资者更希望投资回收期越短越好。所以,投资回收期法是比较常用的评价方法。

2. 净现值法。净现值法是借助净现值指标对投资方案进行评价分析的一种方法。净现值是指将投资项目投入使用后的现金净流量，以资金成本或投资者本人要求达到的最低报酬率为折现率折算为现值，再减去初始投资后的余额。实际上就是比较现金流入的现值和现金流出的现值，看看哪个大，如果所得是正数，就叫正净现值；如果是负数，就叫负净现值。其计算公式为：

$$净现值 = (某年的现金净流量 \times 复利现值系数) - 初始投资额$$

采用净现值法的判断标准是：净现值≥0 为可行方案；净现值<0 为不可行方案。如果几个方案的投资额相等，且净现值都是正数，那么净现值最大的方案为最优方案。

【应用举例】

仍然根据表 6-3 的资料，分别计算甲、乙两个投资方案的净现值。

解： 假如甲方案投入使用后每年的现金净流量相等，可按年金现值一次计算。折现率为 10%，期限为 5 年，查表得年金现值系数为 3.791，则甲方案的净现值计算如下：

净现值（甲）= 4 200 × 3.791 − 15 000 = 922.2（元）

或 = 15 918 − 15 000 = 918（元）

净现值

两种计算的结果虽然略有差异，但是都可以采用。

乙方案投入使用后每年的现金净流量不相等，可按复利现值进行计算。折现率为 10%，期限为 5 年，各年的复利现值系数见表 6-3，则乙方案的净现值计算如下：

净现值（乙）= 3 800 × 0.909 + 3 560 × 0.826 + 3 320 × 0.751 + 3 080 × 0.683 + 7 840

× 0.621 − (12 000 + 3 000) = 860（元）

通过上面的计算看出，两个方案的净现值均大于零，故都是可行的，但甲方案的净现值大于乙方案，如果没有其他因素影响，重点可以考虑甲方案。

从以上举例可以看出，一个投资计划，如果它的净现值是零，那就是说，该项投资计划的收益刚好同它的支出相等，不亏不盈。如果是负数，就是亏了；如果是正数就是赚了，正数越大，赚得越多。

净现值法的优点是：考虑了资金的时间价值，能够反映各种投资方案的净收益，因而是一种较好的方法。其缺点是不能揭示各个投资方案本身可能达到的实际投资报酬率是多少。另外，如果各个投资方案的投资额不相同，单纯看净现值的绝对值也不能作出正确的评价。因此，遇到这些情况时，还应根据具体情况采用其他方法进行评价。

以上两种决策方法比较见表 6-4。

表 6-4

	项目甲	项目乙	选择决定
投资回收期法	4.65 年	4.82 年	甲回收快
净现值法	918 元	860 元	甲净现值高

从以上计算中可以看出，如果需要在甲和乙之间选择，甲应该是首选的项目。以上介绍的投资决策分析方法，在计算上可能麻烦一点，但是，磨刀不误砍柴工，由于项目投资需要花费的资金数额较大，所以在决策时多花费一些精力，经过多方面的分析论证也是应该和值

得的。

除了以上介绍的评价办法以外，在投资时，还要考虑一些其他影响投资的因素。比如国家的各种扶植、补贴政策，在决策时也是一个参考因素。

第三节　证券投资基础

一、证券投资的概念和种类及要素

（一）证券投资的概念

证券投资是一定的投资主体为了获取预期的不确定的收益购买资本证券以形成金融资产的经济活动。简言之，证券投资就是购买资本证券。

（二）证券投资的种类

证券投资按一定的划分标准可以分为不同的种类：

1. 股权证券投资与债权证券投资。股权证券投资的对象是股权证券；债权证券投资的对象是债权证券。

2. 直接证券投资与间接证券投资。证券直接投资指投资者直接到证券市场上去购买证券。证券间接投资指投资者购买金融机构本身所发行的证券，而这种金融机构是专门从事证券交易以谋利的。

3. 长期投资与短期投资。长期投资指购买长期债券或股票，并长期持有。短期投资指购买短期债券或购买长期债券、股票但短期内又转手卖出。

（三）证券投资的要素

证券投资主要由三个要素构成：收益、风险和时间。

1. 投资收益包括资本利得和股息红利（或利息）两部分。

资本利得是指在证券流通市场上通过买卖证券所实现的差价收益。

2. 证券投资风险，是指未来收益状况的不确定性，即发生盈利和亏损的可能性。

二、债券投资

（一）债券投资的概念

债券投资就是企业将资金用于购买其他企业发行的债券并获取利息的行为。

企业进行短期债券投资的目的主要是为了调节现金余额，使现金余额达到合理水平。一般情况是：当企业现金余额太多时，便可以考虑投资于债券，使现金余额降低；当现金余额太少时，则出售原来投资的债券，收回现金，使现金余额提高。企业进行长期债券投资的目的是为了获得稳定的收益。

(二) 债券的估价

要进行债券的投资，就要先了解债券现在的价值，然后根据价值的情况作出是否购买的决策。债券的估价就是估算债券的价值。

债券的价值是债券未来现金流入量的现值。企业在进行债券投资时，必须分析所选择的债券价值，将债券价值与当前的债券价格进行对比，只有当债券的价值大于其购买价格时，才值得投资；否则，不应进行投资。债券价值是进行债券投资决策时使用的主要指标。

常见的债券估价方式有以下几种：

1. 债券估价的基本方法。一般情况下，债券采取固定利率，每年按复利计算并支付利息，到期归还本金。按照这种模式，债券价值计算的基本公式是：

$$债券的价值 = 利息 \times 年金现值系数 + 债券面值 \times 复利现值系数$$

【应用举例】

某种债券面值为 1 000 元，票面利率为 8%，期限为 5 年。C 公司拟对这种债券进行投资，当前的市场利率为 10%，问债券价格为多少时应该进行投资。

解： 根据债券估价公式，可得：

债券的价值 = 1 000 × 8% × (P/A,10%,5) + 1 000 × (P/F,10%,5)
         = 80 × 3.7908 + 1 000 × 0.6209
         = 924.16（元）

根据计算得知，当这种债券的价格低于 924.16 元时，该企业才应该购买。

上式中（P/A, 10%, 5）是指年金现值系数，意思是在 10% 利率下，5 年期的现值系数，可以在本书附录中的年金现值系数表中查找。（P/F, 10%, 5）是指复利现值系数，通过本书附录查找。

2. 一次还本付息不计复利的债券估价方法。我国很多债券属于一次还本付息且不计复利的债券，其估价计算公式为：

$$债券价值 = (债券面值 + 债券面值 \times 利率 \times 期数) \times (相应的复利现值系数)$$

【应用举例】

C 公司拟购买另一家企业发行的利随本清的企业债券。该债券面值为 1 000 元，期限 5 年，票面利率为 8%，不计复利，当前市场利率为 10%。该债券发行价格为多少时，企业才应购买？

解： 由上述公式可知：

债券价值 = (1 000 + 1 000 × 8% × 5) × (P/F,10%,5) = 869.26（元）

经过计算，该种债券价格应该在低于 869.26 元时，企业才能购买。

(三) 债券投资的优缺点

1. 债券投资的优点。

（1）本金安全性高。与股票相比，债券投资风险比较小。其中，政府发行的债券，由于有国家财力作保证，其本金的安全性非常高，通常被视为无风险债券。企业债券的持有者拥有优先索偿权，当发行债券的企业破产时，债券投资者优先于股东分得企业资产。因此，其本金损失的可能性较小。

(2) 收入稳定性强。债券的发行人有按时支付利息的法定义务。因此，在正常情况下，债券投资者都能获得较稳定的收入。

(3) 市场流动性好。许多债券都具有较好的流动性，政府及大企业发行的债券一般都可在金融市场上迅速出售，流动性很好。

2. 债券投资的缺点。

(1) 购买力风险较大。由于债券面值和收入的固定性，在通货膨胀时期，债券本金和利息的购买力会不同程度地受到侵蚀，投资者名义上虽然有收益，但实际上却是损失。

(2) 没有相应管理权。投资债券主要是为了获得报酬，而无权对债券发行的企业施加影响和控制。

三、股票投资

（一）股票投资的概念

股票投资，是通过认购股票成为股票发行公司的股东，并获得股利或差价收益，如果持股达到一定比例还可以具有控制权的投资行为。

（二）股票投资的目的

企业进行股票投资的目的主要有两个：一是获利，即作为一般的证券投资，获取股利收入及股票买卖差价；二是控股，即通过购买某一企业的大量股票达到控制该企业的目的。在第一种情况下，企业证券投资的组合不应该把资金投资于某一企业的股票上，以此分散股票投资风险。而在第二种情况下，企业应集中资金投资于被控企业的股票上，要考虑占有多少股权才能达到控制的目的。

（三）股票的估价

进行股票估价的目的同样是为了确定股票的内在价值，然后将股票价值与股票市价进行比较，以决定是否购买。

对股票价值的评估类似于债券，即要求股票未来现金流入量的现值。股票预期的未来现金流入包括两部分：(1) 每期的预期股利；(2) 出售股票时的变价收益。但由于股票没有固定的股息，也没有一定的期末价值，因此，股票价值的评估方法还不同于债券。

在一般情况下，股票的价格是由其内在价值决定的，股市中股票的价格总是围绕股票的内在价值上下波动的。

股票价值评价的一般方法有如下三种：

1. 市盈率法。就是参照股票的市盈率来确定股票价值的方法。

名词解释

市盈率：是指某种股票的市价与盈利的比率。其基本公式是：

$$市盈率 = \frac{普通股每股市场价格}{普通股每年每股盈利}$$

市盈率估价方法其计算公式为：

$$每股价格 = 市盈率 \times 每股收益$$

市盈率是估计普通股价值的最基本的指标之一。通常情况下认为该比率保持在20～30之间是正常的，过小说明股价低，风险小，值得购买；过大则说明股价高，风险大，购买时应谨慎。但有时高市盈率的股票也可能成为热门股，低市盈率股票可能为冷门股。

2. 资产评估值法。就是把上市公司的全部资产进行评估一遍，扣除公司的全部负债，然后除以总股本，得出的每股股票价值。如果该股的市场价格小于这个价值，该股票价值可能被低估，如果该股的市场价格大于这个价值，该股票的价格可能被高估。

3. 销售收入法。就是用上市公司的年销售收入除以上市公司的股票总市值，如果大于1，该股票价值被低估，如果小于1，该股票的价格被高估。

（四）股票投资的优缺点

1. 股票投资的优点。

（1）投资收益高。高风险伴随着高收益，普通股票的价格虽然变动频繁，但从长期看，优质股票的价格总是上涨的居多，只要选择得当，都能取得优厚的投资收益。

（2）购买力风险低。与债券投资相比，普通股能有效地降低购买力风险。因为在通货膨胀率比较高时，由于物价普遍上涨，股份公司赢利增加，股利的支付也随之增加。

（3）拥有经营控制权。普通股股东属股份公司的所有者，有权监督和控制企业的生产经营情况，因此，欲控制一家企业，最好是收购这家企业的股票。

2. 股票投资的缺点。股票投资的缺点主要是风险大，这是因为：

（1）求偿权居后。普通股对企业资产和赢利的求偿权均居于最后。企业破产时，股东原来的投资可能得不到全额补偿，甚至一无所有。

（2）价格不稳定。普通股的价格受政治因素、经济因素、投资人心理因素、企业的赢利情况等多种因素的影响，很不稳定，这也使股票投资具有较高的风险。

（3）收入不稳定。普通股股利的多少视企业经营状况和财务状况而定，其有无、多少均无法律上的保证，其收入的风险也远远大于债券。

思考与练习

一、思考题

1. 你对机会成本和沉淀成本是怎样理解的？它们在投资中起什么作用？
2. 通过学习，对项目投资你掌握了哪些要点？对你有哪些启发？
3. 除了教材介绍的内容之外，你对债券和股票投资的知识还了解多少？

二、案例思考

【资料】 健民葡萄酒厂是生产葡萄酒的企业，该厂生产的葡萄酒酒香纯正，价格合理，长期以来供不应求。为了扩大生产能力，酒厂准备新建一条生产线。

李伟是该厂的助理会计师，主要负责筹资和投资工作。总会计师王利要求李伟搜集建设新生产线的有关资料，并对投资项目进行财务评价，以供厂领导决策考虑。

李伟经过十几天的调查研究，得到以下有关资料：

（1）投资新的生产线需一次性投入1 000万元（假定当年即可投产），预计可使用10

年，报废时无残值收入。

（2）该生产线投入使用后，预计可使工厂第1至第5年的销售收入每年增长1 000万元，第6至第10年的销售收入每年增长800万元，耗用的人工和原材料等成本为收入的60%。

（3）生产线建设期满后，工厂还需垫支流动资金200万元。

（4）所得税税率为25%。

【要求】 请同学帮助李伟作以下计算：

（1）预测新的生产线投入使用后，该厂未来10年增加的净利润。

（2）预测该项目各年的现金流量。

（3）计算该项目的净现值，以评价项目是否可行。

第七章
营运资本管理

【本章导引】 翻开资产负债表，我们从中可以看到，表的右边是负债和所有者权益，主要表明企业各种资金的来源；表的左边是资产，主要表明各种资产的占用情况。对资金的来源，我们已经在资金筹集的渠道和方法中进行了介绍。占用方的各种资产，是保证企业生产经营正常进行和创造企业效益的物质基础，其中，流动资产又是非常重要的内容，它是企业中比较活跃的资产，也是对生产经营活动影响较大的资产。如果流动资产不足，企业的生产经营活动就会发生困难，甚至停业或倒闭；但如果流动资产过多，又会造成资金浪费。因此，企业财务要拿出很大的精力管理流动资产。

【学习目标】 了解营运资本的特点及分类；掌握现金管理、应收账款管理和存货管理的管理方法。

【学习重点】 现金和应收账款的管理及存货的控制办法。

第一节 营运资本概述

一、营运资本的概念

营运资本，是指流动资产减去流动负债后的余额。营运资本的管理既包括流动资产的管理，也包括流动负债的管理（见图 7-1）。

（一）流动资产

流动资产是指可以在 1 年以内或超过 1 年的一个营业周期内变现或运用的资产，流动资

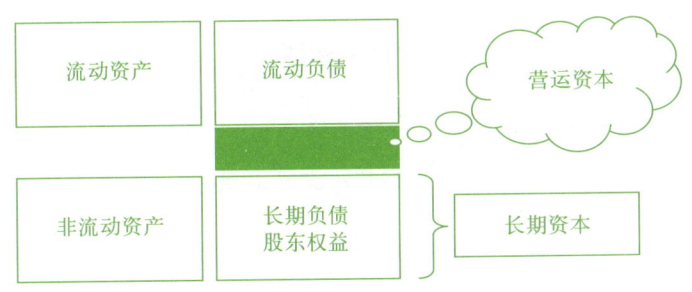

图 7-1 营运资本示意图

产具有占用时间短、周转快、易变现等特点。企业拥有较多的流动资产，可在一定程度上降低财务风险。流动资产按不同的标准可进行不同的分类，常见分类方式如下：

1. 按占用形态不同分为现金、交易性金融资产、应收及预付款项和存货等。
2. 按在生产经营过程中所处的环节不同分为生产领域中的流动资产、流通领域中的流动资产以及其他领域的流动资产。

（二）流动负债

流动负债，是指需要在1年或者超过1年的一个营业周期内偿还的债务。流动负债又称短期负债，具有成本低、偿还期短的特点。流动负债按是否支付利息为标准可以分为有息流动负债和无息流动负债。

二、营运资本的特点

营运资本一般具有如下特点：

1. 营运资本的来源具有灵活多样性。与筹集长期资金的方式相比，企业筹集营运资本的方式较为灵活多样，通常有银行短期借款、短期融资券、商业信用、应交税金、预收货款、票据贴现等多种内外部融资方式。

2. 营运资本的数量具有波动性。流动资产的数量会随企业内外条件的变化而变化，时高时低，波动很大。随着流动资产数量的变动，流动负债的数量也会相应发生变动。

3. 营运资本的周转具有短期性。企业占用在流动资产上的资金，通常会在1年或一个营业周期内收回。根据这一特点，营运资本可以用商业信用、银行短期借款等短期筹资方式来加以解决。

4. 营运资本的实物形态具有变动性和易变现性。企业营运资本的实物形态是经常变化的，一般按照现金、材料、在产品、产成品、应收账款、现金的顺序转化。此外，短期投资、应收账款等流动资产一般具有较好的变现能力。

> **知识链接**
>
> **营运资本的管理原则**
>
> 　　企业进行营运资本管理应遵循的原则：一要保证合理的资金需求；二要提高资金使用效率；三要节约资金使用成本；四要保持足够的短期偿债能力。
> 　　正如李嘉诚所言，一家公司的运营资本处于良好的状态，便不容易倒闭。否则，即使有盈利，也容易因为没有现金流而破产。

第二节　现　金　管　理

一、现金管理的内容

　　现金是企业所有的资产中流动性最强的资产，也是使用频率最多、最方便的资产，它代表了实实在在的购买能力。

（一）企业为什么要持有现金

　　在企业财务的日常工作中必须要有一定数额的现金储备，主要是为了应付以下方面的需要：

　　1. 交易性需要。现金的交易性需要是指应付企业日常业务中对现金的支付需要，如用于购买办公用品和零用备件、支付工资、支付股利和报销差旅费及其他管理费用等。在生产经营中，企业每天的现金收入数和支出数很少同时以相等的金额发生，保留一定的现金余额可使企业在现金支出大于现金收入时，不会影响企业的正常生产经营活动。

　　2. 预防性需要。现金的预防性需要是指持有现金以应付意外事件对现金的需求，例如，出现计划外的开支、发生自然灾害或生产事故等。这些计划外和意外事件往往会打破企业原有的现金预算，需要立即支付现金。所以，企业财务上持有合适数量的现金，可以使企业能应付这些意外事件发生时对现金的需求。

　　3. 临时投机性需要。现金的投机性需要是指企业持有现金用于特殊的交易活动。例如，若遇到原材料大幅降价或其他物资采购的机会，或在适当时机购入价格有利的股票和其他有价证券、基金等，这时便可用手头现金进行交易，从中为企业获取额外的投资收益。

（二）现金管理的内容

　　企业现金管理的内容主要包括以下几项：

1. 编制现金收支计划。企业财务要按月编制现金收支计划，对日现金流量较大的，还应该编制日现金收支计划。

2. 控制日常的现金收支，使其现金收支活动能够按计划进行，并做到应收尽收、不跑不漏。

> **名词解释**
>
> **现金储备**：是指企业以现金形式存在的资金准备，包括库存现金、银行存款、手持现金（在管理者手中的备用现金和信用卡中的存款等）。

3. 确定最佳的现金余额，并保持适当数量的现金储备。当企业实际的现金余额与最佳的现金余额不一致时，采用合适的办法予以解决。

二、现金收支计划的编制

（一）现金收支计划表和日现金收支报告单

现金收支计划是对未来一定时期企业现金的收支状况及现金平衡所做的预先安排。现金收支计划可分年计划、季计划、月计划和日现金收支报告单。其中月度现金收支计划和日现金收支报告单是现金收支活动的短期性质计划。

财务部门要每月和每日根据生产经营活动及现金收支变动的趋势，作出具体安排。以下以小企业为例，列示企业月现金收支计划表的基本格式，如表7-1所示。

表7-1　　　　　　　　　现金收支计划

___年___月

序号计划	现金收支项目	上月实际	本月计划
1	（一）现金收入		
2	①营业现金收入		
3	现销和当月应收账款的收回		900
4	以前月份应收账款的收回		900
5	营业现金收入合计		1 800
6	②其他现金收入		
7	固定资产变价收入		150
8	租金收入		75
9	利息收入		120
10	股利收入		105
11	其他现金收入合计		450
12	③现金收入合计（③=①+②）		2 250
13	（二）现金支出		
14	④营业现金支出		
15	材料采购支出		750
16	其中：当月支付的采购材料支出		375
17	本月付款的以前月份采购材料支出		375
18	工资支出		150

续表

序号计划	现金收支项目	上月实际	本月计划
19	管理费用支出		120
20	销售费用支出		120
21	财务费用支出		60
22	营业现金支出合计		1 200
23	⑤其他现金支出		
24	厂房、设备投资支出		300
25	税款支出		75
26	利息支出		75
27	归还债务		90
28	股利支出		150
29	证券投资		60
30	其他现金支出合计		750
31	⑥现金支出合计（⑥=④+⑤）		1 950
32	（三）净现金流量		
33	⑦现金收入减现金支出（⑦=③-⑥）		300
34	（四）现金余缺		
35	⑧期初现金余额		150
36	⑨净现金流量		300
37	⑩期末现金余额（⑩=⑧+⑨=⑧+③-⑥）		450
38	⑪最佳现金余额		240
39	⑫现金多余或短缺（⑫=⑩-⑪）		210

月现金收支计划的编制，主要依据年现金预算分解的当月应该完成的计划数，再结合当月的产品销售计划、当月其他现金收入情况、当月的现金支出情况汇总分析编制。在这张表上，列示了当月现金的收入、支出、现金净流量和现金的余缺情况，反映了企业当月现金流动情况的总体情况，是企业管理者常用的一项财务计划。

对现金流动较频繁或者管理者有特殊要求的企业，还要在月计划的基础上编制现金收支的日报告单。格式如表7-2所示。

表7-2　　　　　　　　　日现金收支报告单
年　月　日

现金	前日余额	当日收入	当日支出	当日余额
库存现金				
银行存款				
合　计				

(二) 净现金流量及现金余额的计算

1. 净现金流量是指一定时间里现金收入与现金支出的差额。可按下式计算：

$$净现金流量 = 现金收入 - 现金支出 = (营业现金收入 + 其他现金收入)$$
$$- (营业现金支出 + 其他现金支出)$$

以表 7-1 为例：

净现金流量 = 2 250 - 1 950 = 300（元）

2. 现金余缺是指计划期现金期末余额与最佳现金余额（又称"理想现金余额"）的差额。如果期末现金余额大于最佳现金余额，说明现金有多余，应设法进行投资或归还债务；如果期末现金余额小于最佳现金余额，则说明现金短缺，应进行筹资予以补足。期末现金余缺额的计算公式为：

$$现金余缺额 = 期末现金余额 - 最佳现金余额$$
$$= (期初现金余额 + 现金收入 - 现金支出) - 最佳现金余额$$
$$= 期初现金余额 \pm 净现金流量 - 最佳现金余额$$

以表 7-1 为例：

现金余额 = 450 - 240 = 210（元）

如果是负数，就是现金需要增加的数额。

三、合理现金余额的确定

我们知道，现金是一种流动性最强的资产，同时又是一种赢利最差的资产。在现金形态时的资金只能起到支付作用，存在银行的资金也只能获得少量利息收入，除此之外，它本身不会增值，只有变成物资等其他形态投到生产过程中，才能创造利润。所以，存放过多的现金反而会使企业的赢利水平下降；但现金太少，重要的采购和费用支出无法支付，又可能会影响生产经营活动。为了寻找出合理的现金持有数额，就需要采用一定的方法来计算企业的合理现金余额。

所谓合理现金余额，又称"最佳现金持有量"，是指在正常情况下保证生产经营活动最低需要的现金和银行存款数额。它是控制现金合理持有量的尺度。

> **知识链接**
>
> 仔细观察财务工作会发现，很多管理活动都是针对日常中再普通不过的经济活动而进行的，把一些繁杂的经济活动归成条理，然后再运用一些方法寻找它们的内在规律，把蕴藏在这些经济活动中能赚钱的因素都调动起来，为企业创造财富。把日常拥有现金的数量科学地测定出来，就是这样的活动之一。

合理现金余额的确定主要有两种方法：成本分析法和周转期法。

（一）成本分析法

企业持有现金是有一定代价的，这种代价就是现金的持有成本。成本分析法就是通过分析持有现金的成本，寻找持有成本最低的现金持有量为合理现金余额的方法。

在正常情况下，企业持有的现金一般会有三种成本：机会成本、管理成本和短缺成本。

1. 机会成本。现金作为企业的一项资金占用，是有代价的，这种代价就是它的机会成本。假定某企业的资本利润率为10%，如果年均持有50万元的现金，则该企业每年现金的成本就是5万元（50×10%）。一般情况下，现金持有额越大，机会成本越高。企业为了经营活动的业务，需要拥有一定数量的现金，为此而付出一定的机会成本是必要的，但如果现金拥有量过多，机会成本就会大幅度上升，机会成本过大在经济上就不合算。

【举一反三】

我们常说不要"丢了西瓜捡芝麻"，是说不要放弃了重要的而去追求次要的，这样做得不偿失。这里放弃的就是机会成本。所以，机会成本就是指为了得到某种事物而要放弃的另一种事物的代价。比方说，你购买了一套房屋，如果用来作加工厂房，就不能再用来出租。也就是说，在利用房屋作厂房的同时也失去了用于出租获利的机会，这时，出租获利的数额就是机会成本。反过来说，你如果用来出租，则不能再用来作加工厂房，这时，加工厂房的获利数额就是机会成本。在正常情况下，机会成本小的具有比较优势。机会成本是企业投资中需要重点考虑的因素。

2. 管理成本。企业持有现金必然会发生管理费用，如管理人员工资、安全措施费（如设置保险柜、现金押运费用）等。这些费用就是现金的管理成本。管理成本是一种相对固定的成本，与现金持有量之间无明显的比例关系。

3. 短缺成本。现金的短缺成本是指企业因缺乏必要的现金储备，不能应付经营业务活动开支的需要，而使企业蒙受损失或者为此付出的代价。这种代价大致包括两项：一是丧失购买机会的缺货损失和得不到折扣好处的损失；二是失去信誉的损失和合同无法履行及债权人索债的损失等。

如果把持有现金的以上三种成本相加，所得之和最小的现金持有量，就是合理的现金持有量。

在实际工作中，要计算合理现金余额，可以先设定若干个方案，然后分别计算出各种方案的机会成本、管理成本和短缺成本，再从中选出总成本之和最低的现金持有量即为合理现金余额。

【应用举例】

C公司财务部门设定了四种现金持有方案，它们各自的机会成本（该企业的资本收益率为12%）、管理成本和短缺成本如表7-3所示。

表7-3　　　　　　　　　　　　C公司现金持有方案　　　　　　　　　　　　单位：元

方案 项目	甲	乙	丙	丁
现金持有量	25 000	50 000	75 000	100 000
机会成本	3 000	6 000	9 000	12 000
管理成本	20 000	20 000	20 000	20 000
短缺成本	12 000	6 750	2 500	0

将以上各方案的总成本计算结果如表7-4所示。

表7-4 C公司现金持有总成本 单位：元

方案 项目	甲	乙	丙	丁
机会成本	3 000	6 000	9 000	12 000
管理成本	20 000	20 000	20 000	20 000
短缺成本	12 000	6 750	2 500	0
总成本	35 000	32 750	31 500	32 000

将表7-4中的各方案的总成本加以比较可知，丙方案的总成本最低，也就是说，当企业持有7.5万元现金时，持有现金的总代价最低，对企业最合算。所以，7.5万元是该企业本年度内的合理现金余额。在平时，财务部门可以在7.5万元这个幅度内持有现金，也就是按照这个规模保持库存现金的持有量。

（二）周转期法

周转期法是根据现金周转期和计划期每日现金需求量两个因素来确定合理现金持有量的方法。现金周转期是指企业从购买材料支付现金到销售商品收回现金的时间。这个周期具体包括：

1. 存货周转期。是指从原材料购买到制成产品并实现销售的时间段。
2. 应收账款周转期。是指从产品销售到收回现金的时间段。
3. 应付账款周转期。是指从收到原材料实物到付出现金的时间。

在周转期法下，合理现金持有量的计算公式如下：

$$现金周转期 = 存货周转期 + 应收账款周转期 - 应付账款周转期$$

$$合理现金持有量 = \frac{计划年度现金总需求量 \times 现金周转期}{360}$$

【应用举例】

某公司预计全年现金需要总量是7万元，该公司平均存货周转期为90天，应付款的平均付款期为50天，应收款平均收款期为60天，则该企业年度合理现金持有量为：

现金周转期 = 90 + 60 - 50 = 100（天）

合理现金持有量 = 70 000/360 × 100 = 19 444（元）

也就是说，该企业日常现金持有量在19 444元的规模内是合理的。

> **知识链接**
>
> **区块链+供应链的典型三大应用场景**
>
> 1. 采购流程：供应商认证→采购合约→产品/原材料溯源→报价单→采购订单→供应商评估→货款结算。
> 2. 交付流程：订单接收与确认→物权交接→在途跟踪→提前发货通知（ASN）→数字运单→数字仓单→货物（产品）认证认可→检验检疫→第三方服务合约（物流、金融、保险、认证、检验检疫等，国际运输、海关、进出口查验）。
> 3. 回收流程：退货授权→退货接收→退货在途跟踪→售后服务跟踪→维修记录→客户服务记录。

四、现金流入管理

现金流入是指企业在预算期内的现金收入总额,主要包括现销的销售收入和赊销的应收账款的收回。此外,其他如租金收入、股利收入、营业外收入、固定资产残值变现收入和垫支流动资金的收回等也是现金流入。预算期的现金流入额和期初现金余额合在一起,构成预算期可动用的现金总额。

对流入现金的管理重点是:尽可能加速并足额收回应该收回的现金,以提高现金的使用效率。在加速收回现金上,要尽量缩短收款时间,也就是尽量减少现金的浮游时间。

> **知识链接**
>
> 现金浮游是指企业存款账户上的存款余额和银行记载的企业存款账户余额之间的差额,也就是企业和银行之间的未达账项,这是由于账款回收程序中的时间差距造成的。这部分款项像浮萍一样在邮寄、传递、审批等环节上漂浮。虽然这部分钱已经归企业所有,但是由于没有落到企业的账面上,处在漂浮状态,银行不计息,同时企业也不能动用。

一般来说,企业收到款项的时间由票据传递时间、票据在企业停留时间以及票据结算时间三段构成。要加速现金的收回,就必须想办法缩短这三段时间:

1. 要减少客户付款的票据传递时间。缩短票据传递时间的主要的目的是力争使款项尽早到达本企业账户上。因为在票据传递中往往耽误一个小时,就会使票据的金额延迟一天入账,这部分资金就会给本企业带来一天的经济损失。

这个损失包括:①一天利息的损失;②推迟一天使用资金的损失;③因为资金晚到一天给企业带来的信用损失等。

所以,要督促客户尽早汇款,尽量赶在银行票据办理截止时间之前办理,力争缩短收款时间,提高企业现金的流通速度。

> **【见缝插话】**
>
> 直播电商,是指网络主播借助视频直播形式推荐卖货并实现"品效合一"的新兴电商形式。直播电商作为一种新兴的销售方式,已经成为各大直播平台、网络销售平台的重要营销手段。表现为:(1)布局平台多样化,头部流量与私域池趋势并存;(2)主播类型更为多元化,商家自播逐渐常态化;(3)政府扶持+监管,双管齐下助推行业健康发展。

2. 缩短票据停留在企业的时间。缩短票据停留在企业的时间,主要是指在同城结算情况下,收到的支票要立即存到银行。特别要督促持票人(如销售员、收账员等)及时上交收到的收款支票,财务人员也要争取在最短的时间内将款项存到银行,做到"存款不隔夜"。

3. 加快现金存入企业银行账户的时间。这里主要指财务人员应该做到熟悉开户银行营业日中的三个关键时间:

(1)存款受理截止时间。是指银行规定的受理存款的截止时间,企业只有在此时间前存款,银行才会受理。

(2)停止入账时间。是指银行规定的当天停止入账时间。过了这个时间,就转入了下一个工作日。例如，银行规定 16 点停止入账，那么，如果企业是在 16 点零 1 分去存储支票，那就意味着这笔款将被视为第二天存入的。

（3）资金到账时间。是指银行同意存款人可以自由支配存款的时间。在这个时间前，虽然钱已经存入银行，但是企业还不能动用这笔钱，只有银行确定到了企业的户头上，企业才可以动用这笔钱。

企业财务人员只有熟悉银行的各种关键时间，才能在最合理的时间内存储和使用现金。

五、现金流出管理

现金流出是指预算期内发生的全部现金支出总额，包括生产经营过程中的采购材料支出、支付工资支出以及付现性的制造费用、管理费用和销售费用等。同时，还包括其他现金支出，如固定资产投资支出、购买有价证券支出、偿还债务本息、解缴税款、派发股利等。

由于现金流出会直接导致资金流出企业，所以，对现金流出的管理，主要是使现金能安全、合理地流出企业。具体包括：

1. 制定企业现金支出管理制度，设计出不同金额和支出项目下的现金支付形式，制定小额现金付款、支票付款和委托银行付款及电子支付下的相关制度。

2. 规定现金流出的审批程序，以及企业现金支付的审批权限，防止无审批或越权审批及滥批现象。

> **知识链接**
>
> 　　财务上的审批权限是指事先确定的审批程序，是保证财务秩序良好运转的重要措施。无审批是指在收支环节没有审批程序，无人负责，是财务最混乱的状态；越权审批，是指审批人超越了自身的审批权限而签发的财务收支；滥批则是指与财务责任无关的人员来审批财务收支的行为。

3. 防止现金流动方面的欺诈行为，对现金支票的签发和委托银行付款及小额现金支出，必须要执行"先对单、后签发"的顺序，并及时、认真核对经办人的身份证明等证件，同时还要保持同银行的信息联系，确保现金支出的安全性。

4. 要选择好现金支付时机，主要是选择是否利用对方给予的现金折扣上（如何利用现金折扣等内容在后面的章节中介绍），要根据具体情况计算判断确定是否享用现金折扣。

企业财务人员在进行现金支出管理时，要养成这样一种习惯：即在合理的范围内，尽量延迟现金支出的时间。也就是说，控制付款与加速收款是一个问题的两个方面，企业如果能够有效地控制现金支出，尽可能地延缓现金支出的速度，同样可以提高现金周转的效率，达到有效使用现金的目的。

第三节　应收账款管理

一、企业为什么会产生应收账款

应收账款，是指本企业因对外销售产品、材料、提供劳务等业务形成的，应向购货单位或接受劳务的单位收取的款项，主要包括应收销售款、其他应收款和应收票据等。

企业之所以会产生应收账款，是因为企业采取了赊销、分期付款等方式销售产品（亦即向买方提供了商业信用），所以造成了应收账款的出现。企业为什么要向购买方提供商业信用？那是因为商业信用会给企业的产品销售带来一定的好处。这个好处从应收账款的功能上可以看到。

（一）应收账款的功能

应收账款的功能是指它在产品销售中所起的积极作用。主要有以下几方面：

1. 增加销售。在市场竞争日趋剧烈的情况下，赊销是促进产品销售的一种可行的方式。企业进行赊销时，实际上是向购买者提供了两项服务：

（1）向购买方销售了产品；

（2）在有限的时期内向购买方提供了数量相当于赊销产品买价的资金，通过这种方式减少了购买方的资金占用量，在一定时间内缓解买方资金的紧张状况。

【见缝插话】
　　在销售市场上，购买方往往以是否提供赊销为条件来选择供货单位。所以，赊销也就成为企业促销的重要手段。

2. 减少存货。企业生产出来的产成品要先放到仓库保管，在仓库保管的存货，要发生管理费、仓储费和保险费等各方面的支出。如果把产品直接赊销出去变成应收账款，则无需上述支出。因此，当企业的产成品存货比较多时，一般都要采用较为优惠的信用条件进行赊销，以便把产成品存货转化为应收账款，减少产成品库存，降低库存产成品的各项费用支出。

（二）应收账款的持有成本

事物都有正反两方面，应收账款也一样，它不光有好处，同时也有不利的方面，即应收账款是有成本的，也就是说，持有应收账款是要付出一定代价的。应收账款的成本主要有：

1. 机会成本。如果企业的资金不投放于应收账款，也就是说，企业如果把产品低价卖出，将卖得的收入用于其他方面的投资并取得收益，这种因投放于应收账款而放弃的其他收入即为应收账款的机会成本。应收账款的机会成本一般可以比照有价证券的利息率计算。

2. 管理成本。企业存在的应收账款要发生一定的管理成本,这部分成本主要包括:

(1) 调查顾客信用情况的费用。顾客的信用状况是决定企业是否赊销产品的前提条件,一个企业是不会向一个没有信用的单位赊销产品的。为了了解对方的信用情况,就要多方采集对方的信用情况,在采集的过程中,就要发生一些通信、差旅等项费用。

(2) 账簿的记录费用,是指财务部门在记录应收账款中发生的管理费用。

(3) 收账等其他费用,是指派人到对方收账过程中发生的工资、差旅、补助、奖励等各项费用。

3. 坏账成本。由于对方主观和客观等各种各样的原因存在,企业的应收账款中总有一部分不能如数收回而发生损失,这个损失就是应收账款的坏账成本。坏账成本一般与应收账款发生的数量成正比,即应收账款越多,坏账成本也会越大。

> **知识链接**
>
> **逾期欠账、呆账、坏账的区别**
>
> **逾期欠账**是指过了还款期暂时还没有还的欠账,其特点是:仅仅是逾期未还,但是还款的希望很大。
>
> **呆账**是指呆滞的欠账,时间一般是在逾期 3 个月以上、3 年以下的欠账,也就是说,长时期逾期欠账,就转为呆账。呆账的特点是:虽然逾期时间很长,但是还会有还账的可能,债权方还应该积极追讨。
>
> **坏账**则是无法收回的呆账,一般是逾期 3 年以上、想尽了各种办法追讨仍然无法追回的欠账,坏账通常也叫死账。坏账的处理要按照会计制度规定的程序进行。

二、企业如何制定应收账款的政策

应收账款政策是企业对应收账款进行规划和控制的一些原则性规定。在销售产品环节,企业赊销产品的效果好坏往往取决于企业制定的应收账款政策是否适合企业本身的实际。

企业应收账款政策主要包括以下几方面内容:

(一) 信用期间

信用期间,是指企业允许买方从购货到付款之间的时间,亦称付款期间。如果信用期过短,不足以吸引客户,在同类产品的市场竞争中会使销售额下降;如果信用期过长,对销售额增加固然有利,但是这个期间由于占用资金的利息和催收货款等费用又会增多,由此所增加的收益会被增长的费用所抵消,会造成利润减少。因此,企业必须慎重研究,确定出比较恰当的信用期。

信用期的确定,主要的方法是分析改变现行信用期对收入和成本所带来的影响。延长信用期,会使销售额增加,产生有利影响;与此同时,应收账款、收账费用和坏账损失又会增加,产生一定的不利影响。两者进行比较,当前者大于后者时,可以延长信用期,否则不宜延长。如果缩短信用期会使销售额有一定的减少,但是应收账款的费用却会减少,两者进行比较,然后取其有利者。

（二）信用标准

信用标准是指买方要享受卖方的交易信用所具备的条件，也是企业在决定赊销前事先确定的条件。企业在设定信用标准时，往往要考虑以下因素：买方企业的品质因素、能力因素、资本因素、抵押因素和条件因素。详见"评估法"。

如果达不到信用标准，买方就不能享受到企业的信用或只能享受到较低的信用优惠，或者干脆"一手交钱，一手交货"。企业信用标准通常以预期的坏账损失率来确定是采用较宽的标准还是采用较严的标准。

如果企业的信用标准较严，只对信誉很好、坏账损失率很低的顾客给予赊销，这样会减少坏账损失的发生和应收账款的机会成本，但同时也会减少销售量；如果信用标准较宽，虽然会增加销售量，但会相应地增加坏账损失和应收账款的机会成本。企业应根据具体情况，进行合理权衡。只有信用标准变化带来的收益大于其成本时，才可提供商业信用。

> 【借古喻今】
> 诸葛亮曾说过"不审时，则宽严皆误"。意思是说，做什么事情，如果不结合具体情况做出决策，不管是宽是严都会有误差。企业在销售产品选择信用标准时，也是如此，是采用宽松的信用标准还是严格的信用标准，要看对方的具体情况，采用适当灵活的方法，不能千篇一律，过分刻板。

（三）现金折扣

现金折扣是企业在销货时对买方在商品价格上所作的扣减，也是给顾客提供的价格优惠。之所以向顾客提供这种价格上的优惠，主要的目的是吸引顾客多购买本厂产品，并且鼓励顾客为享受优惠而提前付款，以便企业可以尽早收回应收账款，缩短应收账款的平均收款期。

现金折扣的表示常采用如5/10、3/20、N/30这样一些符号形式。"5/10"表示10天内付款，可以享受5%的价格优惠，即只需要支付原价的95%就能买到产品；"3/20"表示20天内付款，可以享受3%的价格优惠，即只需要支付原价的97%；"N/30"表示付款的最后期限为30天，此时付款没有优惠。

现金折扣是企业制定信用政策时应当考虑的一个因素，它是通过平衡不同折扣期的成本费用来权衡的，通常与信用期间相连，构成信用条件。企业采用什么程度的现金折扣，这要与信用期间结合起来考虑。比如，要求客户最迟不超过30天付款，若希望客户20天或者10天付款，就要给予一定的价格优惠，或者给予5%或者3%的价格折扣，这样就能吸引客户提前付款。不论是信用期间还是现金折扣，都会付出一定的代价，但是却能够给企业带来更多的收益。

三、企业的信用管理

（一）企业的信用调查

信用调查是指搜集和整理反映客户的信用状况等有关资料的一项工作。它是正确评价客户信用的前提条件，也是应收账款日常管理的一项重要内容。信用调查可以分为直接调查和间接调查两种。

1. 直接调查。直接调查是指企业调查人员直接与被调查单位接触，通过当面询问、观看、记录等方式获取信用资料的一种方法。这种方法能保证搜集资料的准确性和及时性。

2. 间接调查。间接调查是指以被调查单位以及其他单位保存的有关原始记录和核算资料为基础，通过加工整理获得被调查单位信用资料的一种方法。这些资料主要来源于被调查单位的财务报表、信用评估机构的资料、银行的有关资料以及其他渠道的资料。

（二）企业的信用评估

信用评估是根据信用调查得到的有关资料，运用特定方法，对客户信用状况进行分析和评价的方法。信用评估的方法很多，最常用的是"5C 评估法"和信用评分法。

1. "5C 评估法"。是指重点分析影响信用的五个方面的一种方法。由于这五个方面英文的第一个字母都是 C，所以称它为"5C 评估法"。这五个方面是：品质、能力、资本、抵押和条件。

（1）品质。是指客户的信誉，即履行偿债义务的可能。

（2）能力。是指客户偿还货款的能力，即其流动资产的数量和质量以及与流动负债的比率。

（3）资本。是指客户的财务实力和财务状况，表明客户可能偿还债务的背景。通常是根据客户的负债比率、流动比率、速动比率等财务比率的分析指标来判断。

（4）抵押资产。是指客户在无力支付款项时能被用做抵押的资产，这对于不了解底细或信用状况有争议的客户尤为重要。

（5）条件。是指可能影响客户付款能力的经济环境。比如，万一出现经济不景气，会对客户的付款产生什么影响，客户会如何做等。

2. 信用评分法。信用评分法是先对一系列财务比率和信用情况指标进行评分，然后进行加权平均，得出客户的信用分数，并以此进行评估的一种方法。

在采用信用评分法进行信用评估时，一般情况下，信用评分在 80 分以上的，说明客户的信用状况良好；信用评分在 60~80 分的，说明客户的信用状况一般；信用评分在 60 分以下的，说明客户的信用状况较差。

应收账款精细化管理与运用

第四节 存货管理

一、存货管理的特点及确认

存货是指企业在日常生产经营过程中持有的以备出售，或者仍然处在生产过程，或者在生产及提供劳务过程中将消耗的材料或物料等，包括各类材料、商品、在产品、半成品、产成品等。存货属于企业的流动资产。

【小窍门】 为了方便记忆，存货也可以这样理解：在企业的资产中，除了固定资产、无形资产和货币资产等有形资产外，都属于企业的存货。

（一）存货的特点

1. 存货是有形资产。
2. 存货具有较强的流动性。
3. 存货具有一定的时效性。存货通常在一年或者一个营业周期内能转换为其他资产，但是，已经过时不能耗用的或长期不能销售的存货就会失去效用，变成积压物资，造成资产的损失。

（二）存货的确认

确认存货内容的主要标准是看企业是否拥有该项物资的产权（或法定产权）。凡是在物品盘存清点日期内，法定产权属于企业的物品，不论其存放何处或处于何种状态，都应该确认为企业的存货；反之，凡是法定产权不属于企业的物品，即使存放于企业内，也不应该确认为企业的存货。

【分辨】
企业从外单位借入的物资和外单位暂时寄放在本企业内的物资是否算作本企业的存货，为什么？

具体来说，企业的存货包括以下三类：

1. 在正常经营过程中储存的以备出售的产品。如工业企业的库存产成品、商业流通企业的库存商品等。
2. 处于生产过程中的存货，如工业企业的在产品和自制半成品等。
3. 为生产商品或提供服务以备消耗的存货，如工业企业为生产产品耗用而储存的原材料、燃料、包装物、低值易耗品等。

（三）为什么要管理好存货

1. 对存货进行管理，可以向各职能部门和各级单位提供管理信息，使供应部门及时合理地采购存货，使生产部门有步骤地安排生产作业计划；使销售部门制订合理的销售计划和采取相应的促销手段。
2. 加强存货管理，能实现存货的效益最大化。持有存货量越多，就越有能力保证满足供、产、销的需要。但同时，持有存货量越多，资金占用也越多，存货成本也就越高。所以，要通过存货的管理寻找出效益最好的存货数量，以保证企业利益的最大化。

二、存货形成的原因

如果工业企业能在生产投料时随时方便地购入所需要的原材料，或者商业企业能在销售的当时就能购入到该商品，就不需要存货。但实际上，企业总有储存存货的需要，这种需要出自以下原因：

1. 储存必要的原材料和在产品，可以保证生产经营活动正常进行。生产过程中所需要的原材料是生产活动中必需的物质资料。为了防止材料供应的中断，保证生产活动顺利进行，必须适当地储备一些材料。

2. 储备必要的产成品有利于销售。企业的产品只有成批生产并成批销售才能提高效益，降低成本，在经济上才合算。所以，为了达到满负荷生产，为了应付市场上突然增大的需求，企业就应该适当地储存一些产成品。

3. 适当地储存原材料和产成品，便于组织均衡生产，降低产品成本。有的企业生产的产品属于季节性产品，为了降低生产成本，实行均衡生产，就要储备一定的产成品存货，也要相应地储存一定的原材料存货。

4. 留有各种存货的保险储备，可以防止意外事故发生而造成的损失。采购、运输、生产和销售过程中，都可能发生意料之外的情况，所以，保留必要的存货保险储备，可避免或减少意外原因而造成的损失。

想一想：
为了减少物资储存成本，企业零库存才是最高的境界，就是企业没有物资储备，物资随用随到。请开动脑筋想一想，具备什么样的条件，企业才能达到零库存？

三、存货成本的构成

企业持有存货，必定会发生一定的成本支出，与存货有关的成本有以下几项：

（一）取得成本

存货的取得成本是指企业为取得某种存货而支出的成本。由订货成本和购置成本构成。

1. 订货成本。是指企业为购买存货取得订单的成本，如办公费、差旅费、邮资、电报电话费等支出。

2. 购置成本。是指存货本身的价值，经常用存货的数量与其单价的乘积来确定。存货的购置成本一般与存货的采购数量成正比例关系。

（二）储存成本

存货的储存成本是指企业为保持存货而发生的成本，包括存货占用资金所应计的利息、仓储费用、保险费用、搬运费用、存货破损和变质损失等。存货的储存成本按成本习性可分为储存固定成本和储存变动成本。存货的储存固定成本与存货数量的多少无关，如仓库折旧、仓库职工的固定月工资等；存货的储存变动成本与存货数量的多少有关，如存货资金的应计利息、存货的破损和变质损失、存货的搬运费用和保险费用等。

（三）缺货成本

存货的缺货成本是指企业由于存货供应中断而造成的损失，包括材料供应中断造成的停工待料损失、产成品库存缺货造成的拖欠发货损失和丧失销售机会的损失等。

四、存货的合理订购

存货的合理订购也叫存货规划，是指企业在对存货的订购数量、订货时间进行合理预测的基础上编制的订货计划，以便能够合理确定存货资金的占用数额，既能节约使用资金，又能保证生产经营需要。

要确定存货的合理订购，应该解决的是存货的经济批量的确定。

按照存货管理的目的，需要通过确定合理的进货批量和进货时间使存货的总成本最低，这个批量叫做"经济订货量"或"经济批量"。**经济批量是一定时期内存货的储存成本和订货成本总和最低的采购批量。**

从前述存货成本构成中可知，这两种成本高低与存货订货批量多少的关系是相反的。订货的批量大会使储存成本上升，订货成本降低；反之，如果降低储存成本，便要增加订货次数，会使订货成本上升。这两种成本互为消长。存货规划的目的就是要寻找使这两种成本之和最低的订购批量，即经济批量。

为了确定经济批量，可以采用"逐批测试法"来进行计算。

【应用举例】

C公司全年需要A零件2 400件，每次的订货成本为800元，每件的年储存成本为6元。那么，C公司的A零件存货最佳经济订货批量是多少？

分析：采用逐批测试法预测。现根据以上资料，分别采用不同的订货量，如表7-5所示。

表7-5　　　　　　　　　　经济批量逐批测试表

（全年需要量=2 400件）

项　　目	各　种　批　量					
订货批数①（批）	1	2	3	4	5	6
订购批量②=2 400/①（件）	2 400	1 200	800	600	480	400
年储存成本③=②/2×6（元）	7 200	3 600	2 400	1 800	1 440	1 200
年订货成本④=①×800（元）	800	1 600	2 400	3 200	4 000	4 800
年总成本合计⑤=③+④（元）	8 000	5 200	4 800	5 000	5 440	6 000

从表7-5中可以看出，每批采购800件，一年采购3次，全年A零件的订货成本和储存成本之和最低，所以800件为A零件的最佳订货批量，即经济批量。

思考与练习

一、思考题

1. 企业营运资本有哪些特点？
2. 为什么要确定合理的现金余额？怎样确定？
3. 从应收账款的好处看怎样做才能既增加销售又能及时收回货款？

4. 从存货的成本构成分析如何才能降低存货成本，减少存货的资金占用？

二、社会实践

【要求】 请同学们就近选择一家商业企业，了解现金和应收账款管理的具体做法。再选择一个工业企业，了解存货管理的具体做法。通过以上的社会实践学习并联系课堂所学知识，进一步加深对流动资产的基本理论和管理的基本方法等知识的理解和认识。

第八章
分配管理

【本章导引】 在企业的生产经营活动中,供应、生产、销售只是过程,而所得到的利润才是这个过程的最终结果。企业经营者和管理者的所有努力也是如何把这个结果做得更大。这也像做蛋糕一样,厨师要先把各种材料配齐,经过加工做成蛋糕,再把做好的蛋糕切开分配给需要的人。企业财务其他环节的管理就如同厨师做蛋糕的过程,分配利润的过程就是切蛋糕的过程。本章就是介绍如何切蛋糕,而这些内容,也是企业财务人员必须掌握的知识。

【学习目标】 了解企业利润的构成和管理要求,掌握利润预测的方法和利润分配政策。

【学习重点】 利润预测方法,剩余股利政策。

第一节 利润的构成及管理要求

一、利润的构成

利润是指企业在一定期间的经营成果。追求更多的利润,是企业生产经营的主要目的,也是企业各个管理环节时刻关注的问题。

如果从数量关系上看,利润是收入减去费用后的净额,再加上直接计入当期的利得和损失等。它是企业最终的财务成果,也是衡量企业生产经营管理的重要指标。

企业的利润一般可以表示为营业利润、利润总额和净利润三种不同形式。

(一)营业利润

营业利润是指企业在一定期间从事生产经营所获得的利润。

其计算公式为：

营业利润 = 营业收入 − 营业成本 − 营业税金及附加 − 销售费用 − 管理费用
 − 财务费用 − 资产减值损失 + 公允价值变动收益 + 投资收益

式中各个项目的经济含义是：

1. 营业收入。是指企业在日常活动中形成的、会导致所有者权益增加、与所有者投入资本无关的经济利益的总流入。其中"日常活动"是指企业的经常性活动以及与之相关的活动，包括工业企业制造并销售产品、商品流通企业销售商品、咨询公司提供咨询服务、软件企业为客户开发软件、安装公司提供安装服务、租赁公司出租资产等。这些活动均属于企业为完成其经营目标所从事的经常性活动，由此产生的经济利益的总流入构成收入。

工业企业转让无形资产使用权、出售不需用原材料等，属于与经常性活动相关的活动，由此产生的经济利益的总流入也构成收入。

2. 营业成本。是指企业为取得营业收入而发生的实际成本。通常情况下，工业企业的已销产成品的生产成本，商品流通企业已销商品的原进价，转让无形资产过程中发生的支出、购进材料的原价等，就是相关收入的成本。

3. 营业税金及附加。是指企业经营主要业务所负担的税金及附加，包括营业税、消费税、城市维护建设税、资源税和教育费附加等。

> **相关链接**
>
> 2021年以来，中央为助力市场主体增强活力，保持经济社会持续健康发展，实施新的结构性减税举措，继续执行制度性减税政策，突出强化小微企业税收优惠，加大对小微企业和个体工商户的税收减免力度，并延长部分2020年及以前出台的部分阶段性政策执行期限，巩固和拓展政策成效，提高市场主体的活力和发展后劲。

4. 销售费用。是指企业在销售商品过程中发生的费用，如广告费、包装费、运输费、保险费、展览费、专设销售机构的经费等。商品流通企业在购买商品过程中发生的运输费、装卸费、包装费、保险费、运输途中的合理损耗和入库前的挑选整理费等也属于销售费用的范畴。

5. 管理费用。是指企业为组织和管理企业生产经营所发生的管理费用，包括企业的董事会和行政管理部门在企业的经营管理中发生的，或者应当由企业统一负担的公司经费（包括行政管理部门职工工资、修理费、物料消耗、低值易耗品摊销、办公费和差旅费等）、工会经费、待业保险费、劳动保险费、董事会费、聘请中介机构费、咨询费（含顾问费）、诉讼费、业务招待费、房产税、车船使用税、土地使用税、印花税、技术转让费、矿产资源补偿费、无形资产摊销、职工教育经费、研究与开发费、排污费、存货盘亏或盘盈（不包括应计入营业外支出的存货损失）、计提的坏账准备和存货跌价准备等。

6. 财务费用。是指企业为筹集生产经营所需资金等而发生的费用，如利息支出（减利息收入）、汇兑损失（减汇兑收益）以及相关的手续费等。

提示： 上述的销售费用、管理费用和财务费用统称为"期间费用"，这些费用不是摊入产品的生产成本，而是直接计入当期损益。

7. 资产减值损失。是指资产的可收回金额低于其账面价值给企业带来的损失。资产减值损失包括坏账损失、存货跌价损失、可供出售金融资产减值损失、持有至到期投资减值损失、长期股权投资减值损失、投资性房地产减值损失、固定资产减值损失、工程物资减值损失、在建工程减值损失、生产性生物资产减值损失、油气资产减值损失、无形资产减值损失、商誉减值损失等。

8. 公允价值变动收益。就是企业的资产和负债在公平交易中形成的价格同成本价之间的差额。

> **知识链接**
>
> 　　对公允价值变动收益，也可以这样理解：比方说企业买股票，1元1股，企业买了1万股。到年末，股票涨到1.5元/股，其中的差额 = 0.50 × 10 000 = 5 000（元），就是公允价值变动收益。反过来，如果在交易时股票跌价，则差额就是公允价值变动亏损。

9. 投资收益。是指企业对外投资所取得的收益，减去发生的投资损失和计提的投资减值准备后的净额。

（二）利润总额

利润总额是指企业一定期间所实现的全部利润总数，也称"税前利润"。其计算公式为：

$$利润总额 = 营业利润 + 营业外收入 - 营业外支出$$

式中，营业外收入和营业外支出是指企业发生的与其生产经营活动没有直接关系的各项收入和各项支出。营业外收入包括固定资产盘盈、处置固定资产净收益、处置无形资产净收益、罚款净收入等。

营业外支出包括固定资产盘亏、处置固定资产净损失、处置无形资产净损失、债务重组损失、计提的无形资产减值准备、计提的固定资产减值准备、计提的在建工程减值减去所得税后的金额。

（三）净利润

净利润又称"税后利润"，是指利润总额减去所得税后的金额。它是所有者权益的组成部分，也是企业进行利润分配的依据。其计算公式为：

$$净利润 = 利润总额 - 所得税费用$$

式中，当期所得税费用应按企业当期的应纳税所得额及适用税率计算求出。采用资产负债表债务法核算所得税的情况下，利润表中的所得税费用由两个部分组成：当期所得税和递延所得税费用（或收益）。

$$应交所得税 = 应纳税所得额 \times 所得税税率$$

$$应纳税所得额 = 税前会计利润 + 纳税调整增加额 - 纳税调整减少额$$

二、利润管理的要求

（一）遵循正确的盈利理念，努力增加合理利润

在市场经济中，企业的一切经营活动都围绕着经济效益为目标而进行的，企业经营的目

的就是盈利。盈利必须是合法盈利，企业应该在国家法律允许的范围内，通过不断增加产品数量、品种，提高产品质量，降低成本费用和加速资金周转等正确途径，参与市场竞争，从而增加企业的合理利润。

（二）实行利润目标分管制，强化目标利润管理

建立利润目标管理责任制，是指根据企业内部各部门、各单位和各级相关人员在利润管理中的地位和作用，将企业的利润指标进行分解，下达到相关部门、单位和人员，实行利润分级归口管理的办法。在实行利润目标分管制度下，要规定各部门、各单位和相关人员为实现目标利润应完成的任务和承担的责任，以及完成或超额完成利润指标应获得的经济利益。

（三）严格执行有关财经法规，正确进行利润分配

在企业日常的经济业务中，发生的一切收支应该按照《企业会计准则》《企业会计制度》及国家的有关财经法规处理。在计算财务成果时，企业应该按照规定正确计算和结转成本，正确转销、分摊、预提各种费用，正确计算营业外收支，如实反映企业的财务状况。同时，企业应根据国家税法的规定计算应交所得税额，并对结转所得税后形成的净利润，按照《企业会计制度》的规定进行分配。

第二节 利润预测

一、营业利润的预测

（一）什么是目标营业利润

目标营业利润，是指企业在未来一段期间内，经过努力应该达到的最优化利润控制目标。

在利润总额中，由于营业利润所占的比重最大，因而对营业利润的预测便成为利润预测的重点，而对投资净收益和营业外收支净额则可以采用较为简便的方法进行预测。

在实际工作中，预测营业利润应以目标利润的预测为中心，营业利润预测要为预测目标营业利润服务。

（二）目标营业利润预测的步骤

为了能使预测的目标营业利润接近实际情况，预测时一般按照以下的步骤进行：
1. 调查研究，确定利润率标准；
2. 计算目标利润的基数；

3. 确定目标利润的修正值；

4. 最终下达目标利润、分解落实，并将其纳入企业的预算体系中。

（三）目标利润预测的主要方法

1. 量·本·利分析法。是根据商品销售量、成本和利润之间的关系，进行综合分析，进而预测营业利润的方法。运用量·本·利分析法预测企业利润，关键是要解决成本和销售量之间的关系。两者的关系可以用以下方法分析：

（1）成本性态的划分。成本性态是指成本总额与特定业务量之间在数量上的依存关系。全部成本按其性态可分为固定成本和变动成本两大类。

由此，成本、销量和利润的关系就可以用下面的公式表示：

$$利润 = 单价 \times 销量 - 单位变动成本 \times 销量 - 固定成本$$

名词解释

盈亏平衡点：又称零利润点、保本点，或者叫盈亏临界点或收益转折点。通常是指全部销售收入等于全部成本时（销售收入线与总成本线的交点）的产量。以盈亏平衡点为界限，当销售收入高于盈亏平衡点时企业盈利，反之，企业就亏损。盈亏平衡点可以用销售量来表示，即盈亏平衡点的销售量；也可以用销售额来表示，即盈亏平衡点的销售额。

用以上公式可以预测盈亏平衡点、目标利润以及有关因素变动对利润的影响。

（2）盈亏平衡点的预测。

①单一产品盈亏平衡点的预测计算公式是：

$$盈亏平衡点的销售数量 = 固定成本/(单价 - 单位变动成本) = 固定成本/边际贡献$$

【应用举例】

某公司生产甲产品，该产品的固定成本总额为10万元，单位变动成本为22元，单位售价为30元，则：

$$盈亏平衡点的销售量 = 100\,000 \div (30 - 22)$$
$$= 12\,500（件）$$

盈亏平衡点的销售额 = $12\,500 \times 30 = 3\,750\,000$（元）

②多产品盈亏平衡点的确定。如果企业生产经营多种产品，在采用量·本·利法预测盈亏平衡点时，可先求出各种产品的综合边际贡献率，其计算公式为：

$$综合边际贡献率 = \sum \left(各种产品的边际贡献率 \times 各种产品销售收入占全部销售收入总额的比重 \right)$$

在综合边际贡献率计算后，再计算企业综合的盈亏平衡点的销售收入，计算公式为：

$$综合盈亏平衡点的销售收入 = \frac{固定成本总额}{综合边际贡献率}$$

最后，再计算各种产品盈亏平衡点的销售收入，计算公式为：

$$某种产品盈亏平衡点的销售收入 = 综合盈亏平衡点的销售收入 \times 该种产品的销售收入占全部销售收入的比重$$

以上的目标利润一经确定就应立即纳入企业的预算执行体系中，并且层层分解落实，以此作为采取相应措施的依据。

【应用举例】

大恒公司只生产经营一种产品,单价为 100 元/件,单位变动成本为 60 元/件,固定成本为 30 万元。上年实现销售 1 万件,获得利润 10 万元。

企业按照同行业先进的资金利润率(20%)来预测本年企业的目标利润基数,预计本年企业资金占用为 80 万元。

本年目标利润基数 = 20% × 800 000 = 160 000(元)

按量·本·利分析原理,可计算出本年为实现 16 万元利润应采取的单项措施(即在考虑某一因素变动时,假定其他因素不变)如下:

(1)增加销量。

保利量 = (300 000 + 160 000)/(100 − 60) = 11 500(件)

销量变动量 = 11 500 − 10 000 = 1 500(件)

销量变动率 = 1 500/10 000 = 15%

也就是说,本年要实现 16 万元的目标利润,该公司的产品销售数量应该达到 11 500 件,比上年多生产 1 500 件。

(2)降低单位变动成本。

保利单位变动成本 = 100 − (300 000 + 160 000)/10 000 = 54(元/件)

单位变动成本变动量 = 54 − 60 = − 6(元/件)

单位变动成本率 = − 6/60 = − 10%

也就是说,要保证利润目标的实现,单位产品的变动成本每件要降低 6 元钱,达到 54 元钱一件的水平。

(3)固定成本降低。

保利固定成本 = (100 − 60) × 10 000 − 160 000 = 240 000(元)

固定成本降低额 = 240 000 − 300 000 = − 60 000(元)

固定成本降低率 = − 60 000/300 000 = − 20%

也就是说,要达到利润目标,该公司的固定成本总额要从 30 万元降低到 24 万元,降低数额是 6 万元。

(4)单价变动。

保利价 = 60 + (300 000 + 160 000)/10 000 = 106(元/件)

单价变动额 = 106 − 100 = 6(元)

单价变动率 = 6/100 = 6%

也就是,企业如果能把产品价格由 100 元钱提高到 106 元,也可以保证目标利润的实现。但是,提高价格前提是市场需要,不会由于提高价格而影响销售数量。

以上四项措施,企业只要采取其中任何一项,就可保证目标利润的实现。财务部门可以把以上的计算结果形成文字材料,报告给公司领导层,经过决策,确定当年实现目标利润所要采取的主要措施,各部门再按照这个决策来具体贯彻实施。

2. 比例测算法。是根据各种利润率和其他相关指标来确定目标利润的一种方法,主要有两种形式:一是根据企业占用的资金和资金率来确定;二是根据销售收入和销售利润率来确定。其计算公式分别为:

目标利润 = 预计资金占用额 × 目标资金利润率

＝预计销售收入×目标销售利润率

　　预计资金平均占用额和预计销售收入是根据资金或销售预测的数据来确定的；目标资金利润率或目标销售利润率则是根据企业的历史资料和现实条件，参考同行业的先进水平来确定。

二、投资净收益和营业外收支净额的预测

　　由于投资净收益和营业外收支净额在企业的利润总额中所占比重较小，所以，对它们的预测可以采用以下简单方法进行：

> **名词解释**
>
> **可行性研究报告**：是指在从事投资或其他经济活动之前，投资双方对项目所涉及的经济、技术、生产、供销直到社会环境、法律等各种因素所进行的具体调查、研究、分析工作，以确定有利和不利的因素、项目是否可行，估计成功率大小、经济效益和社会效果等的程度，为决策者和主管机关审批的上报文件。

　　1. 投资净收益的预测。首先，应对过去的投资净收益的实现情况进行分析，找出投资净收益和投资总额之间的内在联系。其次，根据未来对投资总额以及可能引起投资收益发生变化的因素，对投资净收益作出综合判断。实践中，投资净收益的预测往往是在投资项目的可行性研究报告中体现。

　　2. 营业外收支净额的预测。主要是对其中可以实现预计的项目进行预测，一般可采用按上期实际发生额作为预测数的方法确定。

第三节　利润的分配

一、利润分配的原则与程序

（一）利润分配的原则

　　利润分配是指将企业实现的利润在国家、企业法人和企业所有者之间进行分配的过程。

　　企业所进行的利润分配，从本质上说，属于社会产品的初次分配，是利用价值形式直接在生产领域进行的社会产品的分配。根据我国企业组织形式和所有制结构的特点，一般企业税后利润分配所涉及的对象主要是资产所有者（包括国家、其他投资者）和经营者（企业法人）之间的经济利益关系。企业利润分配应该遵循以下原则：

　　1. 依法分配原则。企业的收益分配涉及国家、企业、股东、债权人、职工等多方面的利益。为了规范企业的收益分配行为，国家颁布了相关法规。这些法规规定了企业收益分配的基本要求、一般程序和重要比例，企业应当认真执行，不得违反。

　　2. 兼顾各方面利益原则。企业的收益分配须兼顾各方面的利益。企业是经济社会的基本单元，企业的收益分配直接关系到各方的切身利益。企业除依法纳税外，投资者作为资本投入者、企业的所有者，依法享有净收益的分配权。企业的债权人在向企业投入资金的同时

也承担了一定的风险，企业的收益分配中应当体现出对债权人利益的充分保护，不能伤害债权人的利益。另外，企业的员工是企业净收益的直接创造者，企业的收益分配应当考虑到员工的长远利益。因此，企业进行收益分配时，应当统筹兼顾，维护各利益相关团体的合法权益。

> **知识链接**
>
> 十九届四中全会已将收入分配制度上升为社会主义基本经济制度，首要任务是实现公平和效率的平衡。十九届四中全会、五中全会均提出："提高低收入群体收入，扩大中等收入群体""完善再分配机制，加大税收、社保、转移支付等调节力度和精准性，合理调节过高收入，取缔非法收入""发挥第三次分配作用，发展慈善事业，改善收入和财富分配格局"。

3. 分配与积累并重原则。企业赚取的净收益，一部分对投资者进行分配；另一部分形成企业的积累。企业积累起来的留存收益仍归企业所有者拥有，只是暂时未作分配。积累的留存收益不仅为企业扩大再生产筹措了资金，同时也增强了企业抵抗风险的能力，提高了企业经营的稳定性和安全性，有利于所有者的长远利益。留存一部分净收益以供未来分配之需，还可以达到以丰补歉、平抑收益分配数额波动、稳定投资报酬率的效果。

4. 投资与收益对等原则。企业进行收益分配时，应当体现谁投资谁受益、收益大小与投资比例相适应的原则。投资者因其投资行为而享有收益权，投资收益应同其投资比例对等。企业在向投资者分配收益时，应本着平等一致的原则，按照投资者投入资本的比例来进行分配，不允许发生任何一方随意多分多占的现象。这样才能从根本上实现收益分配的公开、公平、公正，保护投资者的利益，提高投资者的积极性。

（二）利润分配的顺序

利润分配的顺序是指企业对税后利润分配的次序。根据我国《公司法》的规定，公司进行利润分配涉及的项目包括盈余公积和股利两部分。公司税后利润分配的顺序是：

1. 弥补企业以前年度亏损。公司的法定公积金不足以弥补以前年度亏损的，在提取法定公积金之前，应当先用当年利润弥补亏损。

2. 提取法定盈余公积金。根据《公司法》的规定，法定盈余公积的提取比例为当年税后利润（弥补亏损后）的10%。当法定盈余公积金已达注册资本的50%时可不再提取。法定盈余公积可用于弥补亏损、扩大公司生产经营或转增资本，但企业用盈余公积金转增资本后，法定盈余公积金的余额不得低于转增前公司注册资本的25%。

3. 提取任意盈余公积金。根据《公司法》的规定，公司从税后利润中提取法定公积金后，经股东会或者股东大会决议，还可以从税后利润中提取任意公积金。

4. 向股东（投资者）分配股利（利润）。根据《公司法》的规定，公司弥补亏损和提取公积金后所余的税后利润，可以向股东（投资者）分配股利（利润），其中有限责任公司股东按照实缴的出资比例分取红利，全体股东约定不按照出资比例分取红利的除外；股份有限公司按照股东持有的股份比例分配，但股份有限公司章程规定不按持股比例分配的除外。

二、利润分配政策的制定

利润分配政策是指企业对利润分配有关问题所制定的方针和政策。对股份制企业来说，就是股利政策。股利政策是指在法律允许的范围内，企业是否发放股利、发放多少股利以及何时发放股利的方针及对策。股利政策的关键问题是确定分配和留存的比例。在实际工作中，通常有下列几种股利发放政策可供选择：

（一）剩余股利政策

剩余股利政策是指公司生产经营所获得的净收益首先应满足公司的资金需求，如果还有剩余，则派发股利；如果没有剩余，则不派发股利。很多公司有自己的最佳目标资本结构，公司的股利政策不应当破坏最佳资本结构。因此，根据这一政策，公司应该按如下步骤确定其股利分配额：

剩余股利政策及评价

1. 根据公司的投资计划确定公司的最佳资本预算；
2. 根据公司的目标资本结构及最佳资本预算，预计公司资金需求中所需要的权益资本数额；
3. 尽可能用留存收益来满足资金需求中所需增加的股东权益数额；
4. 留存收益在满足公司股东权益增加需求后，如果有剩余，再用来发放股利。

【应用举例】

某公司2016年提取了公积金后的税后净利为500万元，2017年的投资计划所需资金600万元，公司的目标资本结构为权益资本占60%，债务资本占40%。按照剩余股利政策确定公司股利分配。

（1）按照目标资本结构的要求，公司投资计划所需的权益资本数为：

$$权益资本 = 600 \times 60\% = 360（万元）$$

（2）公司税后净利为500万元，满足360万元的未来投资后，可用于分配股利：

$$可分配股利 = 500 - 360 = 140（万元）$$

（二）固定或稳定增长的股利政策

固定或稳定增长的股利政策是指公司将每年派发的股利额固定在某一特定水平，或是在此基础上维持某一固定比率，使之能逐年稳定增长。只有在确信公司未来的盈利增长不会发生逆转时，才会宣布实施固定或稳定增长的股利政策。在固定或稳定增长的股利政策下，首先应确定的是股利分配额，而且该分配额一般不随资金需求的波动而波动。

因此，采用固定或稳定增长的股利政策，要求公司对未来的赢利和支付能力能作出较准确的判断。一般来说，公司确定的固定股利额不应太高，要留有余地，以免陷入公司无力支付的被动局面。固定或稳定增长的股利政策一般适用于经营比较稳定或正处于成长期的企业，且很难被长期采用。

> **小贴士**
>
> "一鸟在手"理论
>
> 现金股利为"在手之鸟"，资本利得为"林中之鸟"；投资者更偏好于现金股利而不

是资本利得，倾向于选择股利支付率高的股票；股利支付率提高，收益风险减少，权益资本报酬率降低，企业权益价值上升；因此，根据这个理论，企业应采用高股利支付率政策以实现股东财富最大化。

（三）固定股利支付率政策

固定股利支付率政策是指公司将每年净收益的某一固定百分比作为股利分派给股东。这一百分比通常称为"股利支付率"。固定股利支付率越高，公司留存的净收益越少。在这一股利政策下，只要公司的税后利润一经计算确定，所派发的股利也就相应确定了。

采用固定股利支付率政策，股利与公司盈余紧密地配合，体现了多盈多分、少盈少分、无盈不分的股利分配原则。由于公司的获利能力在年度间是经常变动的，因此，每年的股利也应当随着公司收益的变动而变动，并保持分配与留存收益间的一定比例关系。采用固定股利支付率政策，公司每年按固定的比例从税后利润中支付现金股利，从企业支付能力的角度看，这是一种稳定的股利政策。

但是大多数公司每年的收益很难保持稳定不变，如果公司每年收益状况不同，固定支付率的股利政策将导致公司每年股利分配额的频繁变化。而股利通常被认为是公司未来前途的信号传递，波动的股利向市场传递的信息就是公司未来收益前景不明确、不可靠等，很容易给投资者带来公司经营状况不稳定、投资风险较大的不良印象。固定股利支付率政策只适用于那些处于稳定发展且财务状况也较稳定的公司。

（四）低正常股利加额外股利政策

低正常股利加额外股利政策，是指企业事先设定一个较低的正常股利额，每年除了按正常股利额向股东发放现金股利外，还在企业盈利情况较好、资金较为充裕的年度向股东发放高于每年度正常股利的额外股利。

低正常股利加额外股利政策赋予公司一定的灵活性，使公司在股利发放上留有余地和具有较大的财务弹性，同时，每年可以根据公司的具体情况，选择不同的股利发放水平，以完善公司的资本结构，进而实现公司的财务目标。低正常股利加额外股利政策有助于稳定股价，增强投资者信息。由于公司每年固定派发的股利维持在一个较低的水平上，在公司盈利较少或需用较多的留存收益进行投资时，公司仍然能够按照既定承诺的股利水平派发股利，使投资者保持一个固有的收益保障，这有助于维持公司股票的现有价格。而当公司盈利状况较好且有剩余现金时，就可以在正常股利的基础上再派发额外股利，而额外股利信息的传递则有助于公司股票的股价上扬，增强投资者信心，在资本市场上颇受投资者和公司的欢迎。

三、利润分配的财务控制

利润分配的财务控制是指公司在利润分配中对股利政策的选择、股利支付水平的确定及股利支付形式确定的过程。

（一）选择适合的股利政策

股利政策不仅会影响一个公司的正常运营及将来的发展，也会影响股东的利益，所以制定适合的股利政策非常重要。公司要考虑面临的各种影响因素,在确保不偏离公司目标的前提下,选择适合的股利政策。

(二) 确定股利支付标准

股利支付标准通常以股利支付率来衡量。股利支付率是普通股净收益中股利所占的比重,它反映公司的股利分配政策和股利支付的能力,可用普通股每股股利除以普通股每股收益表示,或以发放股利与净收益相比。低股利支付率政策虽然使公司留存的收益较高,有利于扩大投资规模、增强持续发展的能力,但会降低资本市场上对投资者的吸引力,影响公司未来在资本市场上筹资的能力。高股利支付率政策有利于增强公司股票在资本市场上的吸引力,有助于公司筹措资金,但由于留存收益的减少会给企业资金周转带来影响,加重公司的财务负担。

(三) 确定股利支付形式

常见股利支付方式有以下几种:

1. 现金股利。是以现金支付的股利,它是股利支付的主要方式。发放现金股利将同时减少公司资产负债表上的留存收益和现金,所以公司选择支付现金股利时,除了要有足够的留存收益之外,还要有足够的现金。因此公司在支付现金股利前需要筹备充足的现金。

2. 财产股利。是以现金以外的资产支付的股利,主要是以公司所拥有的其他企业的有价证券,如债券、股票等作为股利发放给股东。

股票股利

3. 负债股利。是公司以负债方式支付的股利,通常以公司的应付票据支付给股东,有时也以发行公司债券的方式支付股利的。财产股利和负债股利实际上都是现金股利的替代方式,但目前这两种股利方式在我国公司实务中极少使用,但法律并没有禁止。

4. 股票股利。是公司以发放股票作为股利的支付方式,我国实务中通常也称其为"红股"。股票股利并不直接增加股东的财富,不导致公司资产的流出或负债的增加,因而不是公司资金的使用,同时也并不因此而增加公司的财产,但会增加流通在外的股票数量,同时降低股票的每股价值,同时会引起所有者权益各项目的结构发生变化。

> **知识链接**
>
> 股份制企业决定分派股利以后,将由董事会向股东进行宣布,一般来说,要宣布以下内容:
>
> (1) 股利宣告日。股利宣告日即股利宣布发放的日期。
>
> (2) 股权登记日。股权登记日是指企业规定能获得此次股利分派的最后股权登记日期。
>
> (3) 除息日。除息日是指领取股利的权利与股票相互分离的日期。在除息日前,股利权从属于股票,持有股票者享有分派股利的权利。除息日始,股利权与股票相分离,新购入股票的人不能分享股利。
>
> (4) 股利发放日。股利发放日是指将股利正式发放给股东的日期,也称为付息日。

思考与练习

一、思考题

1. 为什么说利润是企业的最终财务成果？企业的利润是由哪些项目构成的？
2. 在目标利润的预测中，量·本·利分析法是怎么进行的？
3. 在利润分配中，应该遵循哪些原则？

二、社会实践

【目的】 了解小型企业利润管理的具体做法。

【方法和步骤】 选择一家小型企业（可以是工业企业，也可以是商业企业），了解其在利润分配中的具体做法。通过了解，观察企业在分配中主要依据的是什么？利润分配中有哪些特点？同书中介绍的方法和国家的分配政策是否一致？差别在哪里？

同学们可以组成学习小组，边学习边讨论，并把讨论结果向老师作一下汇报。

附录

一元终值、现值系数表

附表一 一元复利终值系数表

折现率 期间	1%	2%	3%	4%	5%	6%	7%	8%	9%	10%	11%	12%	13%	14%	15%
1	1.010	1.020	1.030	1.040	1.050	1.060	1.070	1.080	1.090	1.100	1.110	1.120	1.130	1.140	1.150
2	1.020	1.040	1.061	1.082	1.102	1.124	1.145	1.166	1.188	1.210	1.232	1.254	1.277	1.300	1.323
3	1.030	1.061	1.093	1.125	1.158	1.191	1.225	1.260	1.295	1.331	1.368	1.405	1.443	1.482	1.521
4	1.041	1.082	1.126	1.170	1.216	1.262	1.311	1.360	1.412	1.464	1.518	1.574	1.630	1.689	1.749
5	1.051	1.104	1.159	1.217	1.276	1.338	1.403	1.469	1.539	1.611	1.685	1.762	1.842	1.925	2.011
6	1.062	1.126	1.194	1.265	1.340	1.419	1.501	1.587	1.677	1.772	1.870	1.974	2.082	2.195	2.313
7	1.072	1.149	1.230	1.316	1.407	1.504	1.606	1.714	1.828	1.949	2.076	2.211	2.353	2.502	2.660
8	1.083	1.172	1.267	1.369	1.477	1.594	1.718	1.851	1.993	2.144	2.305	2.476	2.658	2.853	3.059
9	1.094	1.195	1.305	1.423	1.551	1.689	1.838	1.999	2.172	2.358	2.558	2.773	3.004	3.252	3.518
10	1.105	1.219	1.344	1.480	1.629	1.791	1.967	2.159	2.367	2.594	2.839	3.106	3.395	3.707	4.046
11	1.116	1.243	1.384	1.539	1.710	1.898	2.105	2.332	2.580	2.853	3.152	3.479	3.836	4.226	4.652
12	1.127	1.268	1.426	1.601	1.796	2.012	2.252	2.518	2.813	3.138	3.498	3.896	4.335	4.818	5.350
13	1.138	1.294	1.469	1.665	1.886	2.133	2.410	2.720	3.066	3.452	3.883	4.363	4.898	5.492	6.153
14	1.149	1.319	1.513	1.732	1.980	2.261	2.579	2.937	3.342	3.797	4.310	4.887	5.535	6.261	7.076
15	1.161	1.346	1.558	1.801	2.079	2.397	2.759	3.172	3.642	4.177	4.785	5.474	6.254	7.138	8.137

续表

折现率 期间	1%	2%	3%	4%	5%	6%	7%	8%	9%	10%	11%	12%	13%	14%	15%
16	1.173	1.373	1.605	1.873	2.183	2.540	2.952	3.426	3.970	4.595	5.311	6.130	7.067	8.137	9.358
17	1.184	1.400	1.653	1.948	2.292	2.693	3.159	3.700	4.328	5.054	5.895	6.866	7.986	9.276	10.76
18	1.196	1.428	1.702	2.026	2.407	2.854	3.380	3.996	4.717	5.560	6.544	7.690	9.024	10.58	12.38
19	1.208	1.457	1.754	2.107	2.527	3.026	3.617	4.316	5.142	6.116	7.263	8.613	10.20	12.06	14.23
20	1.220	1.486	1.806	2.191	2.653	3.207	3.870	4.661	5.604	6.727	8.062	9.646	11.52	13.74	16.37
21	1.232	1.516	1.860	2.279	2.786	3.400	4.141	5.034	6.109	7.400	8.949	10.80	13.02	15.67	18.82
22	1.245	1.546	1.916	2.370	2.925	3.604	4.430	5.437	6.659	8.140	9.934	12.10	14.71	17.86	21.65
23	1.257	1.577	1.974	2.465	3.072	3.820	4.741	5.871	7.258	8.954	11.03	13.55	16.63	20.36	24.89
24	1.270	1.608	2.033	2.563	3.225	4.049	5.072	6.341	7.911	9.850	12.24	15.18	18.79	23.21	28.63
25	1.282	1.641	2.094	2.666	3.386	4.292	5.427	6.848	8.623	10.83	13.59	17.00	21.23	26.46	32.92

折现率 期间	16%	17%	18%	19%	20%	21%	22%	23%	24%	25%	26%	27%	28%	29%	30%
1	1.160	1.170	1.180	1.190	1.200	1.210	1.220	1.230	1.240	1.250	1.260	1.270	1.280	1.290	1.300
2	1.346	1.369	1.392	1.416	1.440	1.464	1.488	1.513	1.538	1.563	1.588	1.613	1.638	1.664	1.690
3	1.561	1.602	1.643	1.685	1.728	1.772	1.816	1.861	1.907	1.953	2.000	2.048	2.097	2.147	2.197
4	1.811	1.874	1.939	2.005	2.074	2.144	2.215	2.289	2.364	2.441	2.520	2.601	2.684	2.769	2.856
5	2.100	2.192	2.288	2.386	2.488	2.594	2.703	2.815	2.932	3.052	3.176	3.304	3.436	3.572	3.713
6	2.436	2.565	2.700	2.840	2.986	3.138	3.297	3.463	3.635	3.815	4.002	4.196	4.398	4.608	4.827
7	2.826	3.001	3.185	3.379	3.583	3.797	4.023	4.259	4.508	4.768	5.042	5.329	5.629	5.945	6.275
8	3.278	3.511	3.759	4.021	4.300	4.595	4.908	5.239	5.590	5.960	6.353	6.768	7.206	7.669	8.157
9	3.803	4.108	4.435	4.785	5.160	5.560	5.987	6.444	6.931	7.451	8.005	8.595	9.223	9.893	10.60

续表

期间\折现率	16%	17%	18%	19%	20%	21%	22%	23%	24%	25%	26%	27%	28%	29%	30%
10	4.411	4.807	5.234	5.695	6.192	6.727	7.305	7.926	8.594	9.313	10.09	10.92	11.81	12.76	13.79
11	5.177	5.624	6.176	6.777	7.430	8.140	8.913	9.749	10.66	11.64	12.71	13.86	15.11	16.46	17.92
12	5.936	6.580	7.288	8.064	8.916	9.850	10.87	11.99	13.21	14.55	16.01	17.61	19.34	21.24	23.30
13	6.886	7.699	8.599	9.596	10.70	11.92	13.26	14.75	16.39	18.19	20.18	22.36	24.76	27.39	30.29
14	7.988	9.007	10.15	11.42	12.84	14.42	16.18	18.14	20.32	22.74	25.42	28.40	31.69	35.34	39.37
15	9.266	10.54	11.97	13.59	15.41	17.45	19.74	22.31	25.20	28.42	32.03	36.06	40.56	45.59	51.19
16	10.75	12.33	14.13	16.17	18.49	21.11	24.09	27.45	31.24	35.53	40.36	45.80	51.92	58.81	66.54
17	12.47	14.43	16.67	19.24	22.19	25.55	29.38	33.76	38.74	44.41	50.85	58.17	66.46	75.86	86.50
18	14.46	16.88	19.67	22.90	26.62	30.91	35.85	41.52	48.04	55.51	64.07	73.87	85.07	97.86	86.50
19	16.78	19.75	23.21	27.25	31.95	37.40	43.74	51.07	59.57	69.39	80.73	93.81	108.9	126.2	146.2
20	19.46	23.11	27.39	32.43	38.34	45.26	53.36	62.82	73.86	86.74	101.7	119.1	139.4	162.9	190.0
21	22.57	27.04	32.32	38.59	46.01	54.76	65.10	77.26	91.59	108.4	128.2	151.3	178.4	210.1	247.0
20	26.19	31.63	38.14	45.92	55.21	66.26	79.42	95.03	113.6	135.5	161.5	192.2	228.4	271.0	321.2
23	30.38	37.01	45.01	54.65	66.25	80.17	96.89	116.9	140.8	169.4	203.5	244.0	292.3	349.6	417.5
24	35.24	43.30	53.11	65.03	79.50	97.01	118.2	143.8	174.6	211.8	256.4	309.9	374.1	451.0	542.8
25	40.87	50.66	62.67	77.39	95.40	117.4	144.2	176.8	216.5	264.7	323.0	393.6	478.9	581.8	705.6

附表二　一元复利现值系数表

折现率 期间	1%	2%	3%	4%	5%	6%	7%	8%	9%	10%	11%	12%	13%	14%	15%
1	0.990	0.980	0.971	0.962	0.952	0.943	0.935	0.926	0.917	0.909	0.901	0.893	0.885	0.877	0.870
2	0.980	0.961	0.943	0.925	0.907	0.890	0.873	0.857	0.842	0.826	0.812	0.797	0.783	0.769	0.756
3	0.971	0.942	0.915	0.889	0.864	0.840	0.816	0.794	0.772	0.751	0.731	0.712	0.693	0.675	0.658
4	0.961	0.924	0.888	0.855	0.823	0.792	0.763	0.735	0.708	0.683	0.659	0.636	0.613	0.592	0.572
5	0.951	0.906	0.863	0.822	0.784	0.747	0.713	0.686	0.650	0.621	0.593	0.567	0.543	0.519	0.497
6	0.942	0.888	0.837	0.790	0.746	0.705	0.666	0.630	0.596	0.564	0.535	0.507	0.480	0.456	0.432
7	0.933	0.871	0.813	0.760	0.711	0.665	0.623	0.583	0.547	0.513	0.482	0.452	0.425	0.400	0.376
8	0.923	0.853	0.789	0.731	0.677	0.627	0.582	0.540	0.502	0.467	0.434	0.404	0.376	0.351	0.327
9	0.914	0.837	0.766	0.703	0.645	0.592	0.544	0.500	0.460	0.424	0.391	0.361	0.333	0.308	0.284
10	0.905	0.820	0.744	0.676	0.614	0.558	0.508	0.463	0.422	0.386	0.352	0.322	0.295	0.270	0.247
11	0.896	0.804	0.722	0.650	0.585	0.527	0.475	0.429	0.388	0.350	0.317	0.287	0.261	0.237	0.215
12	0.887	0.788	0.701	0.625	0.557	0.497	0.444	0.397	0.356	0.319	0.286	0.257	0.231	0.208	0.187
13	0.879	0.773	0.681	0.601	0.530	0.469	0.415	0.368	0.326	0.290	0.258	0.229	0.204	0.182	0.163
14	0.870	0.758	0.661	0.577	0.505	0.442	0.388	0.340	0.299	0.263	0.232	0.205	0.181	0.160	0.141
15	0.861	0.743	0.642	0.555	0.481	0.417	0.362	0.315	0.275	0.239	0.209	0.183	0.160	0.140	0.123
16	0.853	0.728	0.623	0.534	0.458	0.394	0.339	0.292	0.252	0.218	0.188	0.163	0.141	0.123	0.107
17	0.844	0.714	0.605	0.513	0.436	0.371	0.317	0.270	0.231	0.198	0.170	0.146	0.125	0.108	0.093
18	0.836	0.700	0.587	0.494	0.416	0.350	0.296	0.250	0.212	0.180	0.153	0.130	0.111	0.095	0.081
19	0.828	0.686	0.570	0.475	0.396	0.331	0.277	0.232	0.194	0.164	0.138	0.116	0.088	0.083	0.070
20	0.820	0.673	0.554	0.456	0.377	0.312	0.258	0.215	0.178	0.149	0.124	0.104	0.087	0.073	0.061
21	0.811	0.660	0.538	0.439	0.359	0.294	0.242	0.199	0.164	0.135	0.112	0.093	0.077	0.064	0.053
22	0.803	0.647	0.522	0.422	0.342	0.278	0.226	0.184	0.150	0.123	0.101	0.083	0.068	0.056	0.046
23	0.795	0.634	0.507	0.406	0.326	0.262	0.211	0.170	0.138	0.112	0.091	0.074	0.060	0.049	0.040
24	0.788	0.622	0.492	0.390	0.310	0.247	0.197	0.158	0.126	0.102	0.082	0.066	0.053	0.043	0.035
25	0.780	0.610	0.478	0.375	0.295	0.233	0.184	0.146	0.116	0.092	0.074	0.059	0.047	0.038	0.030

续表

期间\折现率	16%	17%	18%	19%	20%	21%	22%	23%	24%	25%	26%	27%	28%	29%	30%
1	0.862	0.855	0.847	0.840	0.833	0.826	0.820	0.813	0.806	0.800	0.794	0.787	0.781	0.775	0.769
2	0.743	0.731	0.718	0.706	0.694	0.683	0.672	0.661	0.650	0.640	0.630	0.620	0.610	0.601	0.592
3	0.641	0.624	0.609	0.593	0.579	0.564	0.551	0.537	0.524	0.512	0.500	0.488	0.477	0.466	0.455
4	0.552	0.534	0.516	0.499	0.482	0.467	0.451	0.437	0.423	0.410	0.397	0.384	0.373	0.361	0.350
5	0.476	0.456	0.437	0.419	0.402	0.386	0.370	0.355	0.341	0.328	0.315	0.303	0.291	0.280	0.269
6	0.410	0.390	0.370	0.352	0.335	0.319	0.303	0.289	0.275	0.262	0.250	0.238	0.227	0.217	0.207
7	0.354	0.333	0.314	0.296	0.279	0.263	0.249	0.235	0.222	0.210	0.198	0.188	0.178	0.168	0.159
8	0.305	0.285	0.266	0.249	0.233	0.218	0.204	0.191	0.179	0.168	0.157	0.148	0.139	0.130	0.123
9	0.263	0.243	0.225	0.209	0.194	0.180	0.167	0.155	0.144	0.134	0.125	0.116	0.108	0.101	0.094
10	0.227	0.208	0.191	0.176	0.162	0.149	0.137	0.126	0.116	0.107	0.099	0.092	0.085	0.078	0.073
11	0.195	0.178	0.162	0.148	0.135	0.123	0.112	0.103	0.094	0.086	0.079	0.072	0.066	0.061	0.056
12	0.168	0.152	0.137	0.124	0.112	0.102	0.092	0.083	0.076	0.069	0.062	0.057	0.052	0.047	0.043
13	0.145	0.130	0.116	0.104	0.093	0.084	0.075	0.068	0.061	0.055	0.050	0.045	0.040	0.037	0.033
14	0.125	0.111	0.099	0.088	0.078	0.069	0.062	0.055	0.049	0.044	0.039	0.035	0.032	0.028	0.025
15	0.108	0.095	0.084	0.074	0.065	0.057	0.051	0.045	0.040	0.035	0.031	0.028	0.025	0.022	0.020
16	0.093	0.081	0.071	0.062	0.054	0.047	0.042	0.036	0.032	0.028	0.025	0.022	0.019	0.017	0.015
17	0.080	0.069	0.060	0.052	0.045	0.039	0.034	0.030	0.026	0.023	0.020	0.017	0.015	0.013	0.012
18	0.069	0.059	0.051	0.044	0.038	0.032	0.028	0.024	0.021	0.018	0.016	0.014	0.012	0.010	0.009
19	0.060	0.051	0.043	0.037	0.031	0.027	0.023	0.020	0.017	0.014	0.012	0.011	0.009	0.008	0.007
20	0.051	0.043	0.037	0.031	0.026	0.022	0.019	0.016	0.014	0.012	0.010	0.008	0.007	0.006	0.005
21	0.044	0.037	0.031	0.026	0.022	0.018	0.015	0.013	0.011	0.009	0.008	0.007	0.006	0.005	0.004
22	0.038	0.032	0.026	0.022	0.018	0.015	0.013	0.011	0.009	0.007	0.006	0.005	0.004	0.004	0.003
23	0.033	0.027	0.022	0.018	0.015	0.012	0.008	0.009	0.007	0.006	0.005	0.004	0.003	0.003	0.002
24	0.028	0.023	0.019	0.015	0.013	0.010	0.007	0.007	0.006	0.005	0.004	0.003	0.003	0.002	0.002
25	0.025	0.020	0.016	0.013	0.011	0.008	0.006	0.006	0.005	0.004	0.003	0.003	0.002	0.002	0.001

附表三 一元普通年金终值系数表

折现率 期间	1%	2%	3%	4%	5%	6%	7%	8%	9%	10%	11%	12%	13%	14%	15%
1	1.000	1.000	1.000	1.000	1.000	1.000	1.000	1.000	1.000	1.000	1.000	1.000	1.000	1.000	1.000
2	2.010	2.020	2.030	2.040	2.050	2.060	2.070	2.080	2.090	2.100	2.110	2.120	2.130	2.140	2.150
3	3.030	3.060	3.091	3.122	3.153	3.184	3.215	3.246	3.278	3.310	3.342	3.374	3.407	3.440	3.472
4	4.060	4.122	4.184	4.246	4.310	4.375	4.440	4.506	4.573	4.641	4.710	4.779	4.850	4.921	4.993
5	5.101	5.204	5.309	5.416	5.526	5.637	5.751	5.867	5.985	6.105	6.228	6.353	6.480	6.610	6.742
6	6.152	6.308	6.468	6.633	6.802	6.975	7.153	7.336	7.523	7.716	7.913	8.115	8.323	8.536	8.754
7	7.214	7.434	7.662	7.898	8.142	8.394	8.650	8.923	9.200	9.487	9.783	10.09	10.40	10.37	11.07
8	8.286	8.583	8.892	9.214	9.549	9.897	10.26	10.64	11.03	11.44	11.86	12.30	12.76	13.23	13.73
9	9.369	9.755	10.16	10.58	11.03	11.49	11.98	12.49	13.02	13.58	14.16	14.78	15.42	16.09	16.79
10	10.46	10.95	11.46	12.01	12.58	13.18	13.82	14.49	15.19	15.94	16.72	17.55	18.42	19.34	20.30
11	11.57	12.17	12.81	13.49	14.21	14.97	15.78	16.65	17.56	18.53	19.56	20.65	21.81	23.04	24.35
12	12.68	13.41	14.19	15.03	15.92	16.87	17.89	18.98	20.14	21.38	22.71	24.13	25.65	27.27	29.00
13	13.81	14.68	15.62	16.63	17.71	18.88	20.14	21.50	22.95	24.52	26.21	28.03	29.98	32.09	34.35
14	14.98	15.97	17.09	18.29	19.60	21.02	22.55	24.21	26.02	27.97	30.09	32.39	34.88	37.58	40.50
15	16.10	17.29	18.60	20.02	21.58	23.28	25.13	27.15	29.36	31.77	34.41	37.28	40.42	43.84	47.58
16	17.26	18.64	20.16	21.82	23.66	25.67	27.89	30.32	33.00	35.95	39.19	42.75	46.67	50.98	55.72
17	18.43	20.01	21.76	23.70	25.84	28.21	30.84	33.75	36.97	40.54	44.50	48.88	53.74	59.12	65.08
18	19.61	21.41	23.41	25.65	28.13	30.91	34.00	37.45	41.30	45.60	50.40	55.75	61.73	68.39	75.84
19	20.81	22.84	25.12	27.67	30.54	33.76	37.38	41.45	46.02	51.16	56.94	63.44	70.75	78.97	88.21
20	22.02	24.30	26.87	29.78	33.07	36.79	41.00	45.76	51.16	57.28	64.20	72.05	80.95	91.02	102.4
21	23.24	25.78	28.68	31.97	35.72	39.99	44.87	50.42	56.76	64.00	72.27	81.70	92.57	104.8	118.9
22	24.47	27.30	30.54	34.25	38.51	43.39	49.01	55.46	62.87	71.40	81.21	92.50	105.5	120.4	137.6
23	25.72	28.84	32.45	36.62	41.43	47.00	53.44	60.89	69.53	79.54	91.15	104.6	120.2	138.3	159.3
24	26.97	30.42	34.43	39.08	44.50	50.82	58.18	66.76	76.80	88.50	102.2	118.2	136.8	158.7	184.2
25	28.24	32.03	36.46	41.65	47.73	54.86	63.25	73.11	84.70	98.35	114.4	133.3	155.6	181.9	212.8

续表

期间\折现率	16%	17%	18%	19%	20%	21%	22%	23%	24%	25%	26%	27%	28%	29%	30%
1	1.000	1.000	1.000	1.000	1.000	1.000	1.000	1.000	1.000	1.000	1.000	1.000	1.000	1.000	1.000
2	2.160	2.170	2.180	2.190	2.200	2.210	2.220	2.230	2.240	2.250	2.260	2.270	2.280	2.290	2.300
3	3.506	3.539	3.572	3.606	3.640	3.674	3.708	3.743	3.778	3.812	3.848	3.883	3.918	3.954	3.990
4	5.066	5.141	5.215	5.291	5.368	5.446	5.524	5.604	5.684	5.766	5.848	5.931	6.016	6.101	6.187
5	6.877	7.014	7.154	7.297	7.442	7.589	7.740	7.893	8.048	8.207	8.368	8.533	8.700	8.870	9.043
6	8.977	9.207	9.442	9.683	9.930	10.18	10.44	10.71	10.98	11.26	11.54	11.84	12.14	12.44	12.76
7	11.41	11.77	12.14	12.52	12.92	13.32	13.74	14.17	14.62	15.07	15.55	16.03	16.53	17.05	17.58
8	14.24	14.77	15.33	15.90	16.50	17.12	17.76	18.43	19.12	19.84	20.59	21.36	22.16	23.00	23.86
9	17.52	18.28	19.09	19.92	20.80	21.71	22.67	23.67	24.71	25.80	26.94	28.13	29.37	30.66	32.01
10	21.32	22.34	23.52	24.71	25.96	27.27	28.66	30.11	31.64	33.25	34.94	36.72	38.59	40.56	42.62
11	25.73	27.20	28.76	30.40	32.15	34.00	35.96	38.04	40.24	42.57	45.03	47.64	50.40	53.32	56.41
12	30.85	32.82	34.93	37.18	39.58	42.14	44.87	47.79	50.89	54.21	57.74	61.50	65.51	69.78	74.33
13	36.79	39.40	42.22	45.24	48.50	51.99	55.75	59.78	64.11	68.76	73.75	79.11	84.85	91.02	97.63
14	43.67	47.10	50.82	54.84	59.20	63.91	69.01	74.53	80.50	86.95	93.93	101.5	109.6	118.4	127.9
15	51.66	56.11	60.97	66.26	72.04	78.33	85.19	92.67	100.8	109.7	119.3	129.9	141.3	153.7	167.3
16	60.93	66.56	72.94	79.85	87.44	95.78	104.9	115.0	126.0	138.1	151.4	165.9	181.9	199.3	218.5
17	71.67	78.98	87.07	96.02	105.9	116.9	129.0	142.4	157.3	173.7	191.7	211.7	233.8	258.1	285.0
18	84.14	93.41	103.7	115.3	128.1	142.4	158.4	167.2	196.0	218.0	242.6	269.9	300.3	334.0	371.5
19	98.60	110.3	123.4	138.2	154.7	173.4	194.3	217.7	244.0	273.6	306.7	343.8	385.3	431.9	484.0
20	115.4	130.0	146.6	165.4	186.7	210.8	238.0	268.8	303.6	343.0	378.4	437.6	494.2	558.1	630.2
21	134.8	153.2	174.0	197.8	225.0	256.0	291.3	331.6	377.4	429.7	489.2	556.7	633.6	721.0	820.2
22	157.4	180.2	206.3	280.8	271.0	310.8	356.4	408.8	469.1	538.1	617.3	708.0	812.0	931.0	1 067
23	183.6	211.8	244.5	335.3	326.2	377.0	435.9	503.9	582.6	673.6	778.8	900.2	1 040	1 202	1 388
24	214.0	248.8	289.5	337.0	392.5	457.2	532.8	620.9	723.5	843.0	982.3	1 144	1 332	1 552	1 806
25	249.2	292.1	342.6	402.1	472.0	554.3	651.0	764.3	898.1	1 054	1 238	1 454	1 707	2 003	2 349

附表四　一元普通年金现值系数表

折现率 期间	1%	2%	3%	4%	5%	6%	7%	8%	9%	10%	11%	12%	13%	14%	15%
1	0.990	0.980	0.971	0.962	0.952	0.943	0.935	0.926	0.917	0.909	0.901	0.893	0.885	0.877	0.870
2	1.970	1.942	1.913	1.886	1.859	1.833	1.808	1.783	1.759	1.736	1.713	1.690	1.668	1.647	1.626
3	2.941	2.884	2.829	2.775	2.723	2.673	2.624	2.577	2.531	2.487	2.444	2.402	2.361	2.322	2.283
4	3.902	3.808	3.717	3.630	3.546	3.465	3.387	3.312	3.240	3.170	3.102	3.037	2.974	2.914	2.855
5	4.853	4.713	4.580	4.452	4.329	4.212	4.100	3.993	3.890	3.791	3.696	3.605	3.517	3.433	3.352
6	5.795	5.601	5.417	5.242	5.076	4.917	4.767	4.623	4.486	4.355	4.231	4.111	3.998	3.889	3.784
7	6.728	6.472	6.230	6.002	5.786	5.582	5.389	5.206	5.033	4.868	4.712	4.564	4.423	4.288	4.160
8	7.652	7.325	7.020	6.733	6.463	6.210	5.971	5.747	5.535	5.335	5.146	4.968	4.799	4.639	4.487
9	8.566	8.162	7.786	7.435	7.108	6.802	6.515	6.247	5.995	5.759	5.537	5.328	5.321	4.946	4.772
10	9.471	8.983	8.530	8.111	7.722	7.360	7.024	6.710	6.418	6.145	5.889	5.650	5.426	5.216	5.019
11	10.368	9.787	9.253	8.760	8.306	7.887	7.499	7.139	6.805	6.495	6.207	5.938	5.687	5.453	5.234
12	11.255	10.58	9.954	9.385	8.863	8.384	7.943	7.536	7.161	6.814	6.492	6.194	5.918	5.660	5.421
13	12.13	11.35	10.63	9.986	9.394	8.853	8.358	7.904	7.487	7.103	6.750	6.424	6.122	5.842	5.583
14	13.00	12.11	11.30	10.56	9.899	9.295	8.745	8.244	7.786	7.367	6.982	6.628	6.302	6.002	5.724
15	13.87	12.85	11.94	11.12	10.38	9.712	9.108	8.559	8.061	7.606	7.191	6.811	6.462	6.142	5.847
16	14.72	13.58	12.56	11.65	10.84	10.19	9.447	8.851	8.313	7.824	7.379	6.974	6.604	6.265	5.954
17	15.57	14.29	13.17	12.17	11.27	10.48	9.763	9.122	8.544	8.022	7.549	7.120	6.729	6.373	6.047
18	16.40	14.99	13.75	12.66	11.659	10.83	10.06	9.372	8.756	8.201	7.702	7.250	6.840	6.467	6.128
19	17.23	15.68	14.32	13.13	12.09	11.16	10.34	9.604	8.950	8.365	7.839	7.366	6.938	6.550	6.198
20	18.05	16.35	14.88	13.59	12.46	11.47	10.59	9.818	9.129	8.514	7.963	7.469	7.025	6.623	6.259
21	18.86	17.01	15.42	14.03	12.82	11.76	10.84	10.02	9.292	8.649	8.075	7.562	7.102	6.687	6.312
22	19.67	17.66	15.94	14.45	13.16	12.04	11.06	10.20	9.442	8.772	8.176	7.645	7.170	6.743	6.359
23	20.46	18.29	16.44	14.86	13.49	12.30	11.27	10.37	9.580	8.883	8.266	7.718	7.230	6.792	6.399
24	21.24	18.91	16.94	15.25	13.80	12.55	11.47	10.53	9.707	8.985	8.348	7.784	4.283	6.835	6.433
25	22.02	19.52	17.41	15.62	14.10	12.78	11.65	10.67	9.823	9.077	8.422	7.843	7.330	6.873	6.464

续表

期间\折现率	16%	17%	18%	19%	20%	21%	22%	23%	24%	25%	26%	27%	28%	29%	30%
1	0.862	0.855	0.847	0.840	0.833	0.826	0.820	0.813	0.806	0.800	0.794	0.787	0.781	0.775	0.769
2	1.605	1.585	1.566	1.547	1.528	1.509	1.492	1.474	1.457	1.440	1.424	1.407	1.392	1.376	1.361
3	2.246	2.210	2.174	2.140	2.106	2.074	2.042	2.011	1.981	1.952	1.923	1.896	1.868	1.842	1.816
4	2.798	2.743	2.690	2.639	2.589	2.540	2.494	2.448	2.404	2.362	2.320	2.280	2.241	2.203	2.166
5	3.274	3.199	3.127	3.058	2.991	2.926	2.864	2.803	2.745	2.689	2.635	2.583	2.532	2.483	2.436
6	3.685	3.589	3.498	3.326	3.326	3.245	3.167	3.092	3.020	2.951	2.885	2.821	2.759	2.700	2.643
7	4.039	3.922	3.812	3.706	3.605	3.508	3.416	3.327	3.242	3.161	3.083	3.009	2.937	2.868	2.802
8	4.344	4.207	4.078	3.954	3.837	3.726	3.619	3.518	3.421	3.329	3.241	3.156	3.076	2.999	2.925
9	4.607	4.451	4.303	4.163	4.031	3.905	3.786	3.673	3.566	3.463	3.366	3.273	3.184	3.100	3.019
10	4.833	4.659	4.494	4.339	4.192	4.054	3.923	3.799	3.682	3.571	3.465	3.364	3.269	3.178	3.092
11	5.029	4.836	4.656	4.486	4.327	4.177	4.035	3.902	3.776	3.656	3.543	3.437	3.335	3.239	3.147
12	5.197	4.988	4.793	4.611	4.439	4.278	4.127	3.985	3.851	3.725	3.606	3.493	3.387	3.286	3.190
13	5.342	5.118	4.910	4.715	4.533	4.362	4.203	4.053	3.912	3.780	3.656	3.538	3.427	3.322	3.223
14	5.468	5.229	5.008	4.802	4.611	4.432	4.263	4.105	3.962	3.824	3.695	3.573	3.459	3.351	3.249
15	5.575	5.324	5.092	4.876	4.675	4.489	4.315	4.153	4.001	3.859	3.726	3.601	3.483	3.373	3.268
16	5.668	5.405	5.162	4.938	4.730	4.536	4.357	4.189	4.033	3.887	3.751	3.623	3.503	3.390	3.283
17	5.749	5.475	5.222	4.990	4.775	4.576	4.391	4.219	4.059	3.910	3.771	3.640	3.518	3.403	3.295
18	5.818	5.534	5.273	5.033	4.812	4.608	4.419	4.243	4.080	3.928	3.786	3.654	3.529	3.413	3.304
19	5.877	5.584	5.316	5.070	4.843	4.635	4.442	4.263	4.097	3.942	3.799	3.664	3.539	3.421	3.311
20	5.929	5.628	5.353	5.101	4.870	4.657	4.460	4.279	4.110	3.954	3.808	3.673	3.546	3.427	3.316
21	5.973	5.665	5.384	5.127	4.891	4.675	4.476	4.292	4.121	3.963	3.816	3.679	3.551	3.432	3.320
22	6.011	5.696	5.410	5.149	4.909	4.690	4.488	4.302	4.130	3.970	3.822	3.684	3.556	3.436	3.323
23	6.044	5.723	5.432	5.167	4.924	4.703	4.499	4.311	4.137	3.976	3.827	3.689	3.559	3.438	3.325
24	6.072	5.747	5.451	5.182	4.937	4.713	4.507	4.318	4.143	3.981	3.831	3.692	3.562	3.441	3.327
25	6.097	5.766	5.467	5.195	4.948	4.721	4.514	4.323	4.147	3.984	3.834	3.694	3.564	3.442	3.329

参 考 文 献

1. 张海林：《财务管理（第四版）》，高等教育出版社2014年版。
2. 袁建国：《财务管理》，东北财经大学出版社2008年版。
3. 秦志敏：《财务管理》，北京大学出版社2006年版。
4. 贾国军：《财务管理学》，中国人民大学出版社2014年版。
5. 荆新、王化成、刘俊勇：《财务管理学（第七版）》，中国人民大学出版社2015年版。
6. 周雅：《财务管理》，机械工业出版社2012年版。
7. 刘顺喜：《财务管理》，华东师范大学出版社2010年版。
8. 财政部会计资格评价中心：《财务管理》，中国财政经济出版社2016年版。
9. 成秉权：《财务管理（第四版）》，中国财政经济出版社2002年版。
10. 张松梅、成秉权：《财务管理（第八版）》，中国财政经济出版社2017年版。
11. 企业会计准则委员会：《企业会计准则案例讲解》，立信会计出版社2016年版。
12. 斯蒂芬·A. 罗斯：《公司理财精要（亚洲版）》，机械工业出版社2016年版。

网上资源

1. WWW.chinaacc.com，中华会计网校。
2. www.dongao.com，东奥会计网校。
3. www.jingpinke.com，国家精品课程资源网。
4. www.lichenjy.com，理臣教育。
5. www.uu.com.cn，会计家园。
6. www.icourse163.org，中国大学MOOC。